Schuldrecht
Allgemeiner Teil

14., aktualisierte Auflage

Stand: August 2021

VON

Univ.-Prof. Dr. Georg Graf

Univ.-Ass. (Postdoc) Dr. Marcus W. A. Sonnberger

LexisNexis

Bibliografische Information der Deutschen Bibliothek
Die Deutsche Bibliothek verzeichnet diese Publikation in der Deutschen Nationalbibliografie; detaillierte bibliografische Daten sind im Internet über http://dnb.ddb.de abrufbar.

ISBN 978-3-7007-8196-7

LexisNexis Verlag ARD Orac GmbH & Co KG, Wien
www.lexisnexis.at
Wien 2021 • Best.-Nr. 84.006.014

Foto Graf: privat
Foto Sonnberger: Unterrainer Foto Studio Digital Ges.m.b.H

Druckerei: MDH Media GmbH, 1220 Wien

Inhaltsverzeichnis

Abkürzungsverzeichnis

ABGB	Allgemeines bürgerliches Gesetzbuch
Abs	Absatz
AGB	Allgemeine Geschäftsbedingungen
Alt	Alternative
AngG	Angestelltengesetz
ao	außerordentlich
Art	Artikel
AVB	Allgemeine Versicherungsbedingungen
BGB	Bürgerliches Gesetzbuch (dt)
BGBl	Bundesgesetzblatt
BGH	Bundesgerichtshof
bzw	beziehungsweise
dh	das heißt
DSV	Dauerschuldverhältnis
EGJN	Einführungsgesetz zur Jurisdiktionsnorm
EheG	Ehegesetz
EKHG	Eisenbahn- und Kraftfahrzeughaftpflichtgesetz
EO	Exekutionsordnung
EuGH	Europäischer Gerichtshof
EWR	Europäischer Wirtschaftsraum
f, ff	folgende, fortfolgende
gem	gemäß
GewRÄG	Gewährleistungsrechts-ÄnderungsG BGBl I 2001/48
Gl	Gläubiger
GoA	Geschäftsführung ohne Auftrag
GRUG	Gewährleistungsrichtlinien-Umsetzungsgesetz (nach Stand RV 949 BlgNR XXVII. GP)
HGB	Handelsgesetzbuch
hL	herrschende Lehre
hM	herrschende Meinung
HS	Halbsatz
HS	Sammlung Handelsrechtlicher Entscheidungen (Sammlung)
idR	in der Regel
ieS	im engeren Sinn
insb	insbesondere
IO	Insolvenzordnung
iVm	in Verbindung mit
iwS	im weiteren Sinn
iZw	im Zweifel
JN	Jurisdiktionsnorm
KSchG	Konsumentenschutzgesetz
L	Lehre
leg cit	legis citatae (der zitierten Gesetzesstelle)
LohnPfG	Lohnpfändungsgesetz

MRG	Mietrechtsgesetz
mwN	mit weiteren Nachweisen
nF	neue Fassung
o	ordentliche
OGH	Oberster Gerichtshof
PHG	Produkthaftungsgesetz
RGBl	Reichsgesetzblatt
RL	Richtlinie
Rsp	Rechtsprechung
S	Satz, siehe
Sch	Schuldner
SchG	Scheckgesetz
TAG	Theaterarbeitsgesetz
ua	unter anderem
uam	und anderes mehr
UGB	Unternehmensgesetzbuch
usw	und so weiter
uU	unter Umständen
va	vor allem
VersVG	Versicherungsvertragsgesetz
VGG	Verbrauchergewährleistungsgesetz
vgl	vergleiche
VKrG	Verbraucherkreditgesetz
WEG	Wohnungseigentumsgesetz
WG	Wechselgesetz
WuchG	Wuchergesetz
Z	Ziffer
zB	zum Beispiel
ZSV	Zielschuldverhältnis
ZVG	Zahlungsverzugsgesetz
ZPO	Zivilprozessordnung

Literaturübersicht

I. Skripten/Lehr- und Falllösungsbücher (Auswahl)

Barta, zivilrecht.online (http://www.uibk.ac.at/zivilrecht/buch/buchversion.html)

Böhm/Palma, Sachenrecht AT[10] und BT[10] (ORAC Rechtsskriptum 2020)

Bydlinski P., Grundzüge des Privatrechts[11] (2020) sowie *ders*, Fälle und Fragen zum Privatrecht[11] (2020)

Bydlinski P., Bürgerliches Recht I, Allgemeiner Teil[9] (2021)

Bydlinski P. et al., Bürgerliches Recht Prüfungstraining[5] (2017)

Dullinger, Bürgerliches Recht II, Schuldrecht Allgemeiner Teil[6] (2017)

Faber, Bürgerliches Recht Allgemeiner Teil[11] (ORAC Rechtsskriptum 2019)

Graf, Erbrecht[13] (ORAC Rechtsskriptum 2021)

Graf/Brandstätter N., Schadenersatz- und Bereicherungsrecht[14] (ORAC Rechtsskriptum 2021)

Hayböck, Bürgerliches Recht Schuldverträge[9] (ORAC Rechtsskriptum 2018)

Kerschner/Schauer, Falllösungstechnik im Privatrecht. Mit Fällen und Lösungen[9] (2021) sowie *Kerschner/Bydlinski P.*, Bürgerliches Recht für Fortgeschrittene – Fälle und Lösungen[6] (2015)

Perner/Spitzer/Kodek, Bürgerliches Recht[6] (2019); *dies* (Hrsg), Österreich-Casebook. Bürgerliches Recht[2] (2019)

Reidinger, Gesammelte Prüfungsfälle Bürgerliches Recht[4] (2018)

Riedler, Zivilrecht I: Allgemeiner Teil[7] (2018) sowie II: Schuldrecht AT[6] (2018)

Schwimann, Bürgerliches Recht für Anfänger[13] (ORAC Skriptum 2019)

Welser/Kletečka, Grundriss des Bürgerlichen Rechts I: Allgemeiner Teil, Sachenrecht, Familienrecht[15] (2018)

Welser/Zöchling-Jud, Grundriss des Bürgerlichen Rechts II: Schuldrecht Allgemeiner Teil, Schuldrecht Besonderer Teil, Erbrecht[14] (2015)

II. Kommentare

Barth/Dokalik/Potyka, ABGB[26] (2018)

Fenyves/Kerschner/Vonklich, ABGB, 3. Auflage des von Heinrich Klang begründeten Kommentars (erscheint in Teilbänden)

Klang/Gschnitzer, Kommentar zum ABGB[2] Bände I–VI (1950–1978)

Kletečka/Schauer, ABGB-ON (laufend aktualisiert)

Koziol/Bydlinski/Bollenberger, Kurzkommentar zum ABGB[6] (2020)

Rummel/Lukas, Kommentar zum ABGB[4] (erscheint in Teilpaketen)

Schwimann/Kodek, Praxiskommentar zum ABGB[5] (erscheint in Teilbänden)

Schwimann/Neumayr, ABGB Taschenkommentar mit EheG, EPG, KSchG, ASVG und EKHG[5] (2020)

III. Monographien und Weiterführendes (Auswahl)

Bollenberger, Das stellvertretende Commodum (1999)

Bollenberger/Oppitz (Hrsg), Österreichisches Bankvertragsrecht[3] (Band I–IX)

Brandstätter N., Verjährung und Schaden (2017)

Buchleitner, Gewährleistung und Irrtum – Eine Gegenüberstellung (2018)

Bydlinski F., System und Prinzipien des Privatrechts (1996) (Nachdruck 2013)

Bydlinski P., Die Bürgschaft (1991)

Bydlinski P., Die Übertragung von Gestaltungsrechten (1986)
Ehrenzweig/Mayrhofer, Schuldrecht Allgemeiner Teil[3] (1986)
Fenyves, Erbenhaftung und Dauerschuldverhältnis (1982)
Fruhmann/Hayden/Meinl, Der Zahlungsverzug (2015)
Graf, Bankvertragsrecht[6] (ORAC Rechtsskriptum 2020)
Graf, Vertrag und Vernunft (1997)
Gruber, Gewährleistung für bedungene Eigenschaften (1990)
Huber, Haftung für Mangelfolgeschäden und Folgekosten – Grundlagen, Voraussetzungen und Grenzen der Haftung (2020)
Jabornegg, Zurückbehaltungsrecht und Einrede des nicht erfüllten Vertrages (1982)
Kaspar, Die Beweislast im Gewährleistungsrecht (2019)
Koziol, Der Garantievertrag (1981)
Koziol, Die Beeinträchtigung fremder Forderungsrechte (1967)
Mayrhofer, Hemmung und Unterbrechung der Gewährleistungsfrist (2017)
Parapatits, Vertrag zugunsten Dritter (2011)
Potschka, Leistungsbestimmung durch Dritte oder durch eine Vertragspartei (2020)
Rabl, Schadenersatz wegen Nichterfüllung (1998)
Reich-Rohrwig A., Aufklärungspflichten vor Vertragsabschluss (2015)
Reischauer, Der Entlastungsbeweis des Schuldners (1975)
Riedler, Gesamt- und Teilgläubigerschaft im österreichischen Recht (1998)
Santangelo-Reif, Verbesserung und Austausch. Primäre Gewährleistungsbehelfe beim Kaufvertrag (2019)
Schmitt, Gewährleistung bei Verträgen über digitale Inhalte (2017)
Schneider, Bürgschaft (2019)
Welser, Schadenersatz statt Gewährleistung (1994)
Wühl, Sicherungsmehrheit und Wegfall einzelner Kreditsicherungsmittel (2015)

Erster Abschnitt: Schuldrecht und Schuldverhältnis

A. Begriff des Schuldrechts

I. Schuldrecht: Recht der Schuldverhältnisse

1. Schuldrecht

a) Schuldrecht im objektiven Sinn (= Obligationenrecht) ist das Recht der Schuldverhältnisse.

b) Aufgrund eines Schuldrechts im subjektiven Sinn ist **eine Person einer anderen zu einer Leistung verpflichtet** (§ 859 lesen!).

- **Schuldner** (Sch): die Person, welche eine Verpflichtung (= Verbindlichkeit) zur Leistung trifft.
- **Gläubiger** (Gl): jene Person, die ein Recht (= Forderungsrecht, Anspruch) auf die Leistung hat.

2. Schuldverhältnis

Die **Rechtsbeziehung zwischen dem Gl und dem Sch**, innerhalb der Schuldrechte im subjektiven Sinn bestehen, bezeichnet man als Schuldverhältnis. Dabei unterscheiden wir:

a) *SchV ieS*: Der Gl hat einen Anspruch gegen den Sch, dem steht korrespondierend die Verbindlichkeit des Sch gegenüber. Häufig stehen einander jeweils zwei Ansprüche und Verbindlichkeiten gegenüber (Synallagma: unten B.I.3.).

b) *SchV iwS*: Tatsächlich entstehen zwischen Personen in einem SchV nicht nur ein Anspruch bzw eine Verbindlichkeit, sondern eine Vielzahl von Rechten und Pflichten, die eng miteinander zusammenhängen (unten B). Die **Summe der wechselseitigen Rechte und Pflichten** zwischen den Parteien bezeichnet man als SchV iwS. Es ist ein „Bündel" verschiedener subjektiver Rechte (Pflichten): Ansprüche, Gestaltungsrechte, Obliegenheiten uam.

Beachte:
Gl und Sch können jeweils mehrere Personen sein (unten 7. Abschnitt A.); auch kann die Gläubiger- oder Schuldnerstellung auf andere Personen übergehen (unten 6. Abschnitt B. und C.).

Wiederhole:
Aufbau des ABGB: Institutionensystem des *Gaius* (**Zweiteilung** in Personen- und Sachenrecht). Das Schuldrecht ist daher nach dem ABGB ein „persönliches Sachenrecht", das Sachenrecht wird als „dingliches Sachenrecht" bezeichnet (§ 307 lesen!). Arten subjektiver Rechte: ORAC Rechtsskriptum „Allgemeiner Teil" 2. Abschnitt B.

Zur Unterscheidung und den „Schnittpunkten" zwischen Schuld- und Sachenrecht: ORAC Rechtsskriptum „Sachenrecht" AT 1. Abschnitt E.

II. Schuldrechte als relative Rechte

1. Begriff

a) Schuldrechte sind **relative** Rechte, bestehen also nur *zwischen bestimmten Personen* (vgl § 307: „nur gegen gewisse Personen“): Nur der Sch kann vom Gl die Leistung verlangen, umgekehrt kann der Sch mit schuldbefreiender Wirkung nur an den Gl erfüllen.

b) Dagegen wirken dingliche Rechte gegen *jedermann* (absolute Wirkung; vgl erneut § 307: „ohne Rücksicht auf gewisse Personen“).

> Zur „Verdinglichung“ von Schuldrechten: ORAC Rechtsskriptum „Sachenrecht“ AT 1. Abschnitt D.II.1.a) und F.I.2.d)). Besonders wichtig ist dies für das Bestandrecht, dazu ORAC Rechtsskriptum „Schuldverträge“ 2. Abschnitt A.V.

2. Schutz des Gläubigers

a) Trotz der Relativität von Forderungsrechten ist der **Gl** in bestimmtem Umfang **gegenüber Eingriffen Dritter geschützt**. Unterscheide daher:

aa) das Innenverhältnis von Gl und Sch und

bb) den nach außen wirkenden Schutz des Gl gegenüber Dritten.

b) In folgenden Fällen haben Forderungsrechte auch eine Wirkung nach außen, also gegenüber Dritten. Rechtsfolge: Schadenersatzpflicht des in die *Rechtszuständigkeit* des Gl eingreifenden Dritten (Schadenersatz aus Delikt):

aa) Der Dritte **verleitet** den Sch *vorsätzlich*, dh, obwohl er vom Forderungsrecht des Gl weiß, zu einer Vertragsverletzung. Hier wird nicht nur der Sch wegen Vertragsverletzung, sondern auch der Dritte wegen dem *Verleiten zur Vertragsverletzung* schadenersatzpflichtig.

bb) Das Forderungsrecht des Gl ist durch den Besitz einer Sache **offenkundig**; dies hat Bedeutung bei der *Doppelveräußerung* von Liegenschaften: Das Forderungsrecht des ersten Käufers auf Übertragung des Eigentums (durch Einverleibung im Grundbuch) ist gegenüber dem Recht des zweiten Käufers geschützt, wenn dem ersten Käufer die Liegenschaft bereits tatsächlich übergeben worden und sein Recht offenkundig ist (ORAC Rechtsskriptum „Sachenrecht“ BT 1. Abschnitt C.II.2.).

cc) Der Gl = Rechtsbesitzer, zB Mieter (dazu ORAC Rechtsskriptum „Sachenrecht“ AT 2. Abschnitt C.).

B. Die Pflichten im Schuldverhältnis

I. Haupt- und Nebenpflichten

> **Beispiel:**
> A und B schließen einen Kaufvertrag über einen Computer. Welche Pflichten treffen jeweils A und B? Pflichten des A: 1. Verschaffung des Eigentums am Computer für B. 2. Installation des Computers. 3. Verwahrung des Computers bis zur Übergabe. 4. Keine Beschädigung sonstiger Sachen des B. Pflichten des B: 1. Bezahlung des Kaufpreises. 2. Keine Beschädigung sonstiger Sachen des A.
>
> Achtung: Den Gl trifft in der Regel keine Pflicht zur Annahme! (Vgl noch unten zum Gläubigerverzug 4. Abschnitt C.II.) (Speziell zu den neuen Regeln für digitale Leistungen bzw Waren mit digitalen Elementen s zudem 4. Abschnitt D.VIII.)

1. Allgemeines

a) Im SchV iwS (oben A.I.) bestehen ua **Hauptleistungspflichten** und **Neben(leistungs)pflichten.** Welche Pflichten in welchem Umfang bestehen, hängt von der Art des SchV ab und ist durch Auslegung zu ermitteln.

b) Je nach dem Entstehungsgrund des SchV ergeben sich die Pflichten aus der rechtsgeschäftlichen Willenserklärung (zB Vertragsauslegung) oder aus dem Gesetz (gesetzliche SchV, zB Schadenersatzpflicht oder bereicherungsrechtliche Rückgabepflicht).

Zu den Entstehungsgründen eines SchV s unten 2. Abschnitt A.

2. Hauptleistungspflicht

Wiederhole die Arten der Rechtsgeschäfte: ORAC Rechtsskriptum „Allgemeiner Teil", 4. Abschnitt A.III.

Die Hauptleistungspflicht trifft entweder

a) nur eine Partei: einseitige Rechtsgeschäfte (zB letztwillige Verfügung); einseitig verpflichtende Verträge (zB Schenkung).

b) Oder beide Parteien des SchV sind wechselseitig zu je einer Hauptleistung verpflichtet: zweiseitig verpflichtende oder entgeltliche Verträge (zB Kauf).

3. Synallagma

a) Begriff

Wenn beide Parteien eines SchV eine Hauptleistungspflicht trifft, so ist **jede Partei notwendig** (gleichzeitig) **der Gl und der Sch**: Sch hinsichtlich der eigenen Leistungspflicht, Gl hinsichtlich der Leistung des anderen. Man spricht auch von **Leistung** und **Gegenleistung**.

Im Beispiel oben trifft A die Hauptleistungspflicht, dem B Eigentum am Computer zu verschaffen; A ist der Sch dieser Leistung, B ist der Gl. B hat die Hauptleistungspflicht, den Kaufpreis an A zu zahlen; diesbezüglich ist B der Sch und A der Gl.

Beide Forderungen bzw Verbindlichkeiten hängen miteinander zusammen, das Bestehen eines Anspruchs ist grundsätzlich vom Bestand des anderen Anspruchs abhängig. Man nennt diesen Zusammenhang **Synallagma** oder Austauschverhältnis und spricht daher von synallagmatischen Verträgen (gegenseitigen Verträgen, Austauschverträgen).

Beispiele:

Kauf, Tausch, Bestandvertrag, Werkvertrag, Dienstvertrag. Siehe auch unten 3. Abschnitt D.

Wiederhole:

Synallagmatische Verträge sind vollkommen zweiseitig verpflichtende und entgeltliche Rechtsgeschäfte.

b) Arten des Synallagmas

aa) **Genetisches Synallagma** bedeutet, dass die Forderung der einen Partei nicht entsteht, wenn auch die Forderung der anderen Partei nicht gültig entstanden ist.

> **Beispiel:**
> A verkauft dem B ein Einhorn. Die Sachleistung des A ist von vornherein unmöglich, der Kaufvertrag daher nichtig (§ 878). Daher muss B auch nicht bezahlen.

bb) Mit **funktionellem Synallagma** meint man, dass Störungen bei der Erfüllung des Vertrages (= Leistungsstörungen – unten 4. Abschnitt), die auf Seite einer Vertragspartei auftreten, sich auch auf die Leistungspflicht der anderen Vertragspartei auswirken.

> **Beispiel:**
> Der Verkäufer A liefert die vereinbarte Kaufsache nicht rechtzeitig. Der Käufer B kann wegen Schuldnerverzugs unter Setzung einer Nachfrist vom Vertrag zurücktreten (§ 918 – unten 4. Abschnitt C.I.). Damit braucht aber auch B nicht zu bezahlen bzw kann den bereits bezahlten Kaufpreis zurückfordern (Bereicherungsrecht!). Auch das Zug-um-Zug-Prinzip des § 1052 lässt sich so erklären (unten 3. Abschnitt D).

4. Nebenleistungspflichten und Nebenpflichten

a) Nebenleistungspflichten

aa) **Selbstständige** Nebenleistungspflichten sind Teil des Synallagmas, sie werden mit einem bestimmbaren Teil der Gegenleistung abgegolten („äquivalente" Nebenpflichten). Sie sind selbstständig einklagbar (Nichterfüllung, Gewährleistung).

> **Beispiele:**
> Montage- und Wartungspflicht des Verkäufers einer Maschine. Im Beispiel oben die Installation des Computers durch A.

bb) **Unselbstständige** Nebenleistungspflichten dienen zur Vorbereitung und Durchführung der Hauptleistung; sie sind nicht Teil des Synallagmas und werden daher nicht gesondert abgegolten; sie sind auch nicht selbstständig einklagbar (ABER: Verletzung macht schadenersatzpflichtig, allenfalls besteht ein Unterlassungsanspruch).

> **Beispiele:**
> Verwahrungspflicht des Verkäufers vor Übergabe der Kaufsache (s Beispiel oben).

b) Nebenpflichten

aa) Nebenpflichten = **Schutz-, Sorgfalts- und Aufklärungspflichten**: Der Sch muss seine Leistungspflicht aus dem SchV erfüllen, ohne den Gl zu schädigen, also seine Rechtsgüter zu verletzen. Umgekehrt darf auch der Gl nicht den Sch schädigen.

bb) Nebenpflichten entsprechen den unselbstständigen Nebenleistungspflichten.

Im Beispiel oben: Sowohl A als auch B trifft die Pflicht, Sachen des Vertragspartners B bzw A nicht zu beschädigen.

cc) Welche Schutzpflichten bestehen, ergibt sich aus dem Gesetz (zB Treue- und Fürsorgepflicht, §§ 1157, 1169 für Dienst- und WerkV – lesen!) oder aus dem Vertrag (einfache oder [meist] ergänzende Vertragsauslegung).

Merke:
Bei vertraglichen SchV spricht man bei einer Verletzung von Schutzpflichten von positiver Vertragsverletzung (pVV, unten 4. Abschnitt E). Die Annahme von Schutzpflichten in einem Vertrag hat letztlich ihren Grund darin, dass eine vertragliche Haftung den geschädigten Gl besser schützt als eine deliktische Haftung (s dazu ORAC Rechtsskriptum „Schadenersatz- und Bereicherungsrecht" 1. Abschnitt A.I.3.).

Beachte:
Im vorvertraglichen SchV bestehen keine Leistungspflichten, sondern nur Schutz- und Aufklärungspflichten (unten 2. Abschnitt C); bei ihrer Verletzung spricht man von culpa in contrahendo (cic).

Pflicht	klagbar	Synallagma	Verletzung
Hauptleistung, selbstst Nebenleistung	✓	✓	Nichterfüllung, Gewährleistung
unselbstst Nebenleistung, Nebenpflicht	-	-	pVV, cic

II. Obliegenheit

1. Begriff

Unterscheide von den Pflichten in einem SchV die **Obliegenheit**: Der Obliegenheit auf Seite des Belasteten (= der zur Erfüllung der Obliegenheit „Verpflichtete") steht **kein klagsweise durchsetzbares Recht** auf Seite seines Vertragspartners (Gl) gegenüber („Pflichten minderer Art"). Die *Verletzung* von Obliegenheiten bringt aber für den Verpflichteten *Nachteile* mit sich.

2. Beispiele

a) *Gläubigerverzug* (unten 4. Abschnitt C.II.).

b) *Mitverschulden* (§ 1304): Das MV des Geschädigten macht diesen nicht ersatzpflichtig (er verletzt ja *eigene* Rechtsgüter!). Vielmehr führt das MV zu einer Minderung des Schadenersatzanspruches des Geschädigten gegenüber dem Schädiger (= Nachteil aus der Obliegenheitsverletzung).

c) *Rügeobliegenheit* (§ 377 UGB): Die Rüge durch den Käufer kann vom Verkäufer nicht klagsweise durchgesetzt werden. Rügt der Käufer aber nicht rechtzeitig, verliert er seine Ansprüche wegen der Mangelhaftigkeit der Kaufsache (= Nachteil aus der Obliegenheitsverletzung).

d) Obliegenheiten des **Versicherungsnehmers** nach VersVG bzw AVB (vgl zB § 6 VersVG): Auch hier kann der Versicherer die Erfüllung der Obliegenheit (zB Anzeigeobliegenheit nach § 16 VersVG) nicht klagsweise durchsetzen. Vielmehr wird der Versicherer uU leistungsfrei (dh der Versicherungsnehmer bekommt kein Geld!), wenn der Versicherungsnehmer die Obliegenheit verletzt (= Nachteil aus der Obliegenheitsverletzung).

C. Zielschuldverhältnis und Dauerschuldverhältnis

I. Unterscheidung nach dem Inhalt

1. Zielschuldverhältnisse (ZSV) und Dauerschuldverhältnisse (DSV) unterscheiden sich zum einen durch den **Inhalt der Leistung**. ZSV haben eine einmalige Leistung zum Inhalt (Beispiel: Kaufvertrag). Bei DSV sind dagegen ein länger dauerndes Verhalten (eine Dauerleistung) oder wiederkehrende Leistungen geschuldet (Beispiele: Dienstvertrag, Unterlassungspflichten [zB vertragliches Wettbewerbsverbot], Bestandvertrag, Leasing, Stromlieferungsvertrag, Bezugsvertrag).
2. Beachte zwei Mischtypen:

   a) **Sukzessivlieferungsvertrag**: Eine Gesamtleistung ist von beiden Vertragsparteien in Teilen zu erfüllen, wobei jeder Teilleistung der einen Partei eine Teil(gegen)leistung der anderen entspricht. Die Gesamtleistung steht entweder im Vorhinein umfangmäßig fest (= ZSV) oder ihr Umfang ist noch offen (= DSV).

   Beispiele:
   Kauf eines juristischen Kommentars in mehreren Bänden, einer Loseblatt-Gesetzesausgabe mit Nachlieferungen; Zeitungsabonnement.

   b) **Bezugsvertrag**: Der Umfang der Gesamtleistung steht nicht von vornherein fest, vielmehr darf der Kunde die einzelnen Teilleistungen abrufen. Mit der Erbringung einer Teilleistung ist der Vertrag nicht erfüllt, Vertragsinhalt ist die dauernde Erbringung von Leistungen. Der Bezugsvertrag ist jedenfalls ein DSV. Im Regelfall handelt es sich um einen Kaufvertrag, dieser ist damit atypisch.

   Beispiele:
   Stromlieferungsvertrag, Bierbezugsvertrag. Bezugs- und Sukzessivlieferungsverträge werden manchmal auch als Wiederkehrschuldverhältnis bezeichnet. Es besteht eine Sonderregelung für den Schuldnerverzug (unten 4. Abschnitt C.I.5.).

3. § 15 KSchG (lesen!) sieht ein besonderes **Kündigungsrecht** des Verbrauchers bei Verträgen über wiederkehrende Leistungen vor, die auf unbestimmte Zeit oder auf mehr als ein Jahr abgeschlossen werden. Der Verbraucher kann unter Einhaltung einer zweimonatigen Kündigungsfrist zum Ablauf des ersten Jahres, danach zum Ablauf jedes Halbjahres kündigen. Die Kündigungsmöglichkeit kann bei unteilbaren Leistungen, deren Umfang und Preis im Zeitpunkt des Vertragsabschlusses bestimmt sind (Abs 2), sowie bei Verträgen, deren Erfüllung erhebliche Aufwendungen des Unternehmers erfordert (Abs 3), beschränkt werden.

II. Unterscheidung nach der Beendigung

1. Art der Beendigung

Unterscheide neben dem Inhalt auch die Art der **Beendigung**:

a) **ZSV** werden im Regelfall durch die **Erfüllung** (= Erbringung der Leistung) beendet. Mit der Erfüllung ist die Hauptleistungspflicht erloschen.

b) **DSV** sind auf die dauernde Erbringung von Leistungen angelegt, die Erfüllung als Erbringung einer Einzelleistung kann somit kein Endigungsgrund sein. Es gibt daher bei DSV *besondere* Formen der Beendigung. Dabei müssen wir zwischen befristeten und unbefristeten DSV unterscheiden.

aa) Das *befristete* DSV endet durch **Zeitablauf**; darin liegt ja gerade der Sinn der Befristung (vgl etwa §§ 1113, 1158 Abs 1). Natürlich können die Parteien das DSV durch Vereinbarung verlängern (vgl § 1114). Zur ebenso möglichen außerordentlichen Kündigung unter bb) bbb).

bb) Beim *unbefristeten* DSV (= keine Beendigung durch Zeitablauf!) ist zur Beendigung eine einseitige Erklärung erforderlich, die **Kündigung** (= einseitige empfangsbedürftige Willenserklärung = Gestaltungsrecht). Wir unterscheiden die **ordentliche** und die **außerordentliche** Kündigung. Lies zur Unterscheidung § 1116 im Vergleich mit § 1117 bzw § 1159 nF im Vergleich mit § 1162!

aaa) Die **ordentliche Kündigung** ist nur unter Einhaltung eines **Termins** und einer **Frist** möglich, die entweder vereinbart sind oder sich aus dem Gesetz ergeben.

Beispiel:
Kündigung des Arbeitsverhältnisses durch einen Angestellten: Kündigungstermin ist der letzte Tag des Kalendermonats, die Kündigungsfrist beträgt einen Monat (§ 20 Abs 4 AngG).

bbb) Die **außerordentliche Kündigung** ist nicht von einem Termin oder einer Frist abhängig, sie ist also **jederzeit** möglich. Sie setzt aber einen **wichtigen Grund** voraus. Während die o Kündigung nur bei unbefristeten DSV möglich ist, kann *auch* ein *befristetes* DSV durch ao Kündigung beendet werden.

Merke:
Durch *Rechtsanalogie* aus Einzelvorschriften gesetzlich geregelter DSV (zB §§ 1117, 1162) wird der allgemeine, somit auch für gesetzlich nicht geregelte DSV gültige Grundsatz abgeleitet, dass **jedes DSV aus wichtigem Grund vorzeitig aufgelöst** werden kann (ao Kündigung). Die ao Kündigung ist zwingend (kann nicht vertraglich abbedungen werden); sie wird im Gesetz häufig anders bezeichnet, zB „Entlassung“, „Austritt“, „vorzeitige Auflösung“.

Art der Beendigung	ZSV	befristetes DSV	unbefristetes DSV
Erfüllung	✓	nein	nein
Zeitablauf	nein	✓	nein
o Kündigung	nein	nein	✓
ao Kündigung	nein	✓	✓

2. Probleme der Rückabwicklung

Die Aufhebung des Vertrages wegen Willensmängeln (zB Irrtumsanfechtung), aber auch der Rücktritt bzw die gewährleistungsrechtliche Auflösung des Vertrags wirken schuldrechtlich auf den Zeitpunkt des Vertragsabschlusses zurück. Es erfolgt eine bereicherungsrechtliche **Rückabwicklung** der von den Vertragsparteien erbrachten Leistungen.

Unterscheide von dieser schuldrechtlichen „ex-tunc-Wirkung" streng die sachenrechtliche ex-tunc-Wirkung (= dingliche Wirkung) (unten 4. Abschnitt C.I.3.b)cc) und ORAC Rechtsskriptum „Sachenrecht" AT 2. Abschnitt B.II.2.e)).

Diese Rückabwicklung bereitet bei ZSV im Regelfall kein Problem.

Beispiel:

Kaufvertrag: Rückgabe der Kaufsache, Rückzahlung des Kaufpreises.

Dagegen kann die Rückabwicklung bei DSV, deren Abwicklung (= Erfüllung) bereits begonnen hat (= DSV im Vollzugsstadium), schwierig sein. Im Besonderen kann die Sachleistung (zB Arbeitsleistung, Gebrauchsüberlassung am Bestandobjekt) meist nicht in natura rückerstattet werden, es müsste für den somit nach Bereicherungsrecht erforderlichen Wertersatz eine (uU komplizierte) Bewertung erfolgen. Das Ergebnis der Rückabwicklung wäre zudem uU weitgehend dasselbe wie bei Aufrechterhaltung des Vertrages. Wegen dieser uU schwierigen Rückabwicklung, aber auch aus Gründen des Verkehrsschutzes (Vertrauensschutz gegenüber einem gutgläubigen Dritten) oder – für das Arbeitsverhältnis – des Arbeitnehmerschutzes hat die ältere L vertreten, an Stelle der ex-tunc-Auflösung des Vertrages erfolge die **ex-nunc-Auflösung durch Kündigung**. Nach neuerer Lehre ist zu differenzieren: Verkehrsschutz oder Arbeitnehmerschutz sind jedenfalls zu beachten. Nicht bei jedem DSV ist die Rückabwicklung tatsächlich schwierig; ist sie problemlos, erfolgt eine Auflösung ex tunc. Bei List und Drohung würde die ex-nunc-Auflösung überdies gerade den arglistig Handelnden/Drohenden begünstigen, daher – Ausnahme: Verkehrsschutz! – ex-tunc-Auflösung.

Hinweis:

Für die Pflichten des Unternehmers nach einer gewährleistungsrechtlichen Auflösung von Verträgen über die fortlaufende Bereitstellung digitaler Leistungen s zudem § 24 Abs 2 VGG.

D. Schuld und Haftung

I. Begriff

Schuld ist **Leistensollen**, Haftung ist **Einstehenmüssen**. „Schuld" beschreibt, dass der Sch zu einer Leistung verpflichtet ist. Erfüllt er seine Verpflichtung nicht, so kann der Gl seinen Anspruch *zwangsweise durchsetzen* (= „Haftung"). Die Durchsetzung erfolgt – soweit nicht Selbsthilfe erlaubt ist – *gerichtlich*: Der Gl klagt den Sch; erhält der Gl ein seinem Begehren stattgebendes Urteil, so bildet dieses einen Exekutionstitel; der Gl kann dann Exekution gegen den Sch führen.

Unterscheide davon die „Haftung" im Schadenersatzrecht, damit wird die Ersatzpflicht des Schädigers (oder eines sonstigen Ersatzpflichtigen) umschrieben („Haftpflicht": ORAC Rechtsskriptum „Schadenersatz- und Bereicherungsrecht" 1. Abschnitt). Zur Selbsthilfe s ORAC Rechtsskripten „Allgemeiner Teil" 2. Abschnitt B.II. und „Schadenersatz- und Bereicherungsrecht" 1. Abschnitt A.V.4.c).

II. Inhalt der Haftung

Den Sch trifft eine **persönliche Haftung**, der Gl kann im Wege der Zwangsvollstreckung auf das *gesamte Vermögen* des Sch greifen. Grundsätzlich trifft nur den Sch die Haftung, die *Haftung* ist also die

Folge der Schuld. Es gibt aber auch Fälle, in denen daneben eine vom Sch verschiedene Person haftet (Bürge, Garant, Pfandbesteller).

Unterscheide von der *persönlichen* Haftung (Sch, Bürge, Garant) die *Sachhaftung* des Pfandbestellers. Dieser haftet dem Gl nur mit der Pfandsache, bei der persönlichen Haftung ist das gesamte Vermögen des Verpflichteten dem exekutiven Zugriff des Gl ausgesetzt. Siehe auch ORAC Rechtsskriptum „Sachenrecht" BT 2. Abschnitt B.

III. Schuld ohne Haftung

Es gibt auch Schulden, die nicht zwangsweise durchgesetzt werden können. Man spricht von „Schulden ohne Haftung" oder **Naturalobligationen** (§ 1432). Sie sind vom Sch freiwillig *erfüllbar* (§ 1432 schließt die Rückforderung aus!), aber vom Gl *nicht einklagbar.*

Merke folgende Naturalobligationen (§ 1432 lesen!): *verjährte* oder *formungültige* Schulden, Schulden, für die ein *Klagerecht gesetzlich ausgeschlossen* ist (zB § 1271, § 156 IO).

Bei Naturalobligationen in einem *synallagmatischen* Vertrag, die nur von einem Teil erfüllt werden, besteht für diesen Leistenden die Möglichkeit der bereicherungsrechtlichen Rückforderung seiner Leistung analog § 1435 (condictio causa data, causa non secuta).

Dazu ORAC Rechtsskriptum „Schadenersatz- und Bereicherungsrecht" 2. Abschnitt B.II.3.c)aa).

Kontrollpunkte:

✓ Schuldrecht(e) und Schuldverhältnis
- Begriffe
- Beteiligte
- Schutz des Gläubigers

✓ Pflichten im Schuldverhältnis
- Haupt- und Nebenpflichten
- Synallagma
- Pflicht vs Obliegenheit

✓ Zielschuld- vs Dauerschuldverhältnis
- Inhalte der Leistungen
- Beendigungsarten
- Rückabwicklung

✓ Schuld vs Haftung
- Persönliche Haftung vs Sachhaftung
- Schuld ohne Haftung – Naturalobligation

Zweiter Abschnitt: Begründung eines Schuldverhältnisses

A. Die Entstehungsgründe eines Schuldverhältnisses

§ 859 (lesen!) nennt drei Entstehungsgründe:

- Gesetz
- Rechtsgeschäft
- erlittene Beschädigung.

Das SchV aus einer schädigenden Handlung ist dabei als Unterfall des gesetzlichen SchV zu verstehen (Schadenersatz = Gesetzliches SchV). Das ABGB kennt also **rechtsgeschäftliche und gesetzliche SchV.**

Worin besteht der Unterschied?

- rechtsgeschäftliche SchV: die Rechtsfolgen eines Verhaltens treten aufgrund des Willens der Parteien ein;
- gesetzliche Schuldverhältnisse: die Rechtsfolgen treten unabhängig vom Parteiwillen deshalb ein, weil ein gesetzlicher Tatbestand verwirklicht ist.

Beispiel:
Wenn A eine Sache an B verkaufen will, schließen A und B einen Kaufvertrag (= rechtsgeschäftliches Schuldverhältnis = Vertrag). Die Verpflichtung des A, dem B Eigentum an der Kaufsache zu verschaffen (= Rechtsfolge), beruht ebenso auf dem Willen des A (und des B) wie die Pflicht des B, dem A den Kaufpreis zu zahlen. Wenn A dagegen dem B einen Faustschlag versetzt (= Tatbestand der Körperverletzung nach § 1325), tritt die Schadenersatzpflicht (= Rechtsfolge) unabhängig davon ein, ob A das will oder nicht.

Merke:
Auch bei rechtsgeschäftlichen SchV sind die Rechtsfolgen uU gesetzlich geregelt (so im obigen Beispiel in den §§ 1061, 1062). Ob aber diese Rechtsfolgen eintreten sollen, entscheidet der Wille der Parteien. Überdies können die Parteien im Regelfall andere Rechtsfolgen als die gesetzlichen vorsehen (dispositives Recht). Beispiel: A und B vereinbaren im obigen Beispiel abweichend von § 1063 einen Eigentumsvorbehalt.

Rechtsgeschäftliche Schuldverhältnisse sind:

- Vertrag
- einseitiges Rechtsgeschäft.

Gesetzliche Schuldverhältnisse sind:

- SchV zwischen Bereichertem und Entreichertem (ungerechtfertigte Bereicherung)
- SchV zwischen Schädiger (Ersatzpflichtigem) und Geschädigtem (Schadenersatz)
- SchV zwischen Geschäftsherrn und Geschäftsführer ohne Auftrag (GoA)
- SchV zwischen Unterhaltsschuldner und -gläubiger
- SchV zwischen Pflichtteilsberechtigtem und -verpflichtetem
- SchV zwischen Eigentümer und Finder (Finderlohn)
- vorvertragliches SchV (unten C).

In den folgenden Abschnitten des Skriptums werden allgemeine Fragen der rechtsgeschäftlichen SchV sowie das vorvertragliche SchV dargestellt.

- Gesetzliche SchV: ORAC Rechtsskriptum „Schadenersatz- und Bereicherungsrecht"
- Entstehung rechtsgeschäftlicher SchV: ORAC Rechtsskriptum „Allgemeiner Teil" 4. Abschnitt.

B. Die Auslobung als einseitiges Rechtsgeschäft

Merke:
Die Entstehung eines SchV durch einseitiges Rechtsgeschäft bildet verglichen mit den Verträgen (zweiseitige Rechtsgeschäfte) die Ausnahme. Einseitige Rechtsgeschäfte sind zB die Kündigung, letztwillige Verfügungen, die Anweisung, die Bevollmächtigung sowie die Auslobung, die hier behandelt wird.

I. Begriff

Die Auslobung ist die **nicht an bestimmte Personen gerichtete Zusage einer Belohnung** für eine bestimmte Leistung oder einen Erfolg, sie wird durch öffentliche Bekanntmachung verbindlich (§ 860 S 1).

Beispiele:
Preisausschreiben oder folgendes Inserat in einer Zeitung: „Kater entlaufen. Wer ihn wiederbringt, erhält 100 Euro." Unterscheide von diesem „Finderlohn" den gesetzlichen Anspruch des Finders auf Finderlohn (§ 392); dazu ORAC Rechtsskriptum „Sachenrecht" BT 1. Abschnitt C.VI.1.c)).

II. Auslobung als Rechtsgeschäft

Die Auslobung ist eine **einseitige**, nicht empfangsbedürftige **Willenserklärung**. Anspruch auf die Belohnung hat, wer die Leistung (den Erfolg) erbringt, auch wenn er keine Kenntnis von der Auslobung hat.

Unterscheide von der Auslobung die „Ausschreibung", bspw durch öffentliche Stellen (zB Planstellenausschreibung, Ausschreibung von Bauarbeiten). Es handelt sich weder um ein bindendes Angebot noch um eine Auslobung, sondern um die öffentliche Aufforderung, ein Angebot zu stellen („invitatio ad offerendum" – ORAC Rechtsskriptum „Allgemeiner Teil" 4. Abschnitt C.). An bestimmte Personen gerichtete Zusagen sind keine Auslobungen, sondern idR Angebote (§ 861), zu „Gewinnzusagen" s § 5c KSchG.

III. Widerruf

Die Auslobung kann bis zur Vollendung der Leistung in derselben Form, in der sie bekannt gemacht wurde, wirksam **widerrufen** werden (§ 860a S 1).

Ausnahmen:
Verzicht auf den Widerruf oder befristete Auslobung (zB Preisausschreiben).

Der Widerruf ist nicht wirksam gegenüber einer Person, die die Leistung in schuldloser Unkenntnis des Widerrufes erbracht hat (§ 860a S 2). Trotz Widerrufs gebührt in diesem Fall dem Erbringer der Leistung die Belohnung.

IV. Leistungserbringung durch mehrere Personen

Erbringen **mehrere Personen** die Leistung, so gebührt die Belohnung demjenigen, der die Leistung als erster erbracht hat, bei Gleichzeitigkeit ist die Belohnung aufzuteilen (§ 860b).

In der Auslobung selbst kann eine andere Regelung vorgesehen sein, so etwa beim **Preisausschreiben**: Der Auslobende erwartet eine Vielzahl von Leistungen, geht also von vornherein davon aus, dass mehrere Personen die Leistung erbringen; die gesetzliche Regelung in § 860b passt daher nicht. Wer die Belohnung erhält, wird vom Auslobenden bestimmt (zB Losentscheid, Bewertung durch eine Jury bei einem Architektenwettbewerb). Das Preisausschreiben muss befristet sein (daher kein Widerruf möglich!), sonst könnte sich der Auslobende durch die Behauptung, er erwarte noch weitere Leistungen, seiner Verpflichtung zur Zahlung der Belohnung entziehen.

Beachte:
Bei Preisausschreiben findet sich in den Teilnahmebedingungen meist die Klausel: „Der Rechtsweg ist ausgeschlossen". Nach einer E des OGH hat der Teilnehmer an einem Preisausschreiben (zB Architektenwettbewerb) aber dennoch ein rechtliches Interesse an der Feststellung der Nichtigkeit der Preisvergabe an eine nicht teilnahmeberechtigte Person, wenn für ihn nach den zugrunde liegenden Bedingungen dann die konkrete Möglichkeit besteht, den Preis selbst zu erlangen (OGH 5 Ob 638/81).

C. Das vorvertragliche Schuldverhältnis

I. Begriff und Begründung

1. Begriff

a) Bereits mit der **Aufnahme rechtsgeschäftlichen Kontaktes** zwischen künftigen Vertragspartnern entstehen Pflichten, also ein SchV.

b) Dieses vorvertragliche SchV ist ein **gesetzliches** SchV (§ 859), es entsteht daher unabhängig davon, ob später ein Vertrag zustande kommt (also unabhängig vom Willen der künftigen Parteien!).

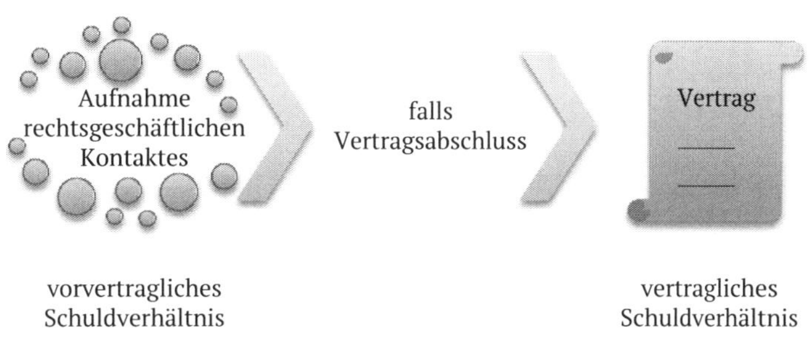

2. Begründung

a) Im ABGB wird das vorvertragliche SchV durch eine **Rechtsanalogie** zu Einzelbestimmungen begründet, die vorvertragliche Pflichten normieren: §§ 874, 878 S 3 (lesen!).

b) Dogmatisch können vorvertragliche Pflichten zum einen mit dem **Vertrauensschutzgedanken**, zum anderen **ökonomisch** mit der Notwendigkeit begründet werden, eine funktionstüchtige Rechtsgeschäftsordnung zu errichten, die rücksichtsloses Verhalten bei Geschäftsanbahnung verbietet. Die Kontaktaufnahme dient dem wirtschaftlichen Interesse des künftigen Vertragspartners, er hat daher auch die Rechtsgüter seines Partners zu schützen.

II. Rechtsnatur

Obwohl das vorvertragliche SchV nach der Einteilung des *§ 859* ein *gesetzliches* SchV ist (oben I.1.), wird es hinsichtlich seines **Inhalts** und der **Rechtsfolgen**, die sich an eine Pflichtverletzung knüpfen, wie ein **vertragliches** SchV behandelt:

a) Unterschied im **Inhalt**: Im vorvertraglichen SchV bestehen keine Leistungspflichten, sondern **nur Nebenpflichten** (Schutz-, Sorgfalts- und Aufklärungspflichten; unten III.). Es kann also aus einem vorvertraglichen SchV nicht auf Leistung geklagt werden.

b) Parallele bei **Rechtsfolgen**: Die Verletzung vorvertraglicher Pflichten nennt man **culpa in contrahendo** (cic). Für den Schadenersatzanspruch wegen cic gelten **dieselben Regeln wie bei der Verletzung von Vertragspflichten**: Gehilfenhaftung nach **§ 1313a**; Beweislastumkehr nach **§ 1298**.

Merke:
Ersetzt wird bei Vermögensschäden nur der **Vertrauensschaden**. Dies lässt sich damit begründen, dass im vorvertraglichen SchV keine Leistungspflicht besteht (oben a) und somit auch der Nichterfüllungsschaden als Folge der Verletzung einer Erfüllungspflicht nicht verursacht werden kann. *Ausnahme* (Ersatz des Nichterfüllungsschadens): Ohne die Verletzung der vorvertraglichen Pflicht wäre der Vertrag zustande gekommen und erfüllt worden (wichtig bei Aufklärungspflichten!). Hier ist die Pflichtverletzung kausal auch für den Nichterfüllungsschaden, sodass dieser zu ersetzen ist.

III. Inhalt

1. Umfang der Pflichten

Streitig ist, ob im vorvertraglichen SchV *nur* **Aufklärungspflichten** oder *auch* **Erhaltungspflichten** (= Schutz- und Sorgfaltspflichten) bestehen:

a) Nach hM bestehen neben den Aufklärungspflichten auch Schutz- und Sorgfaltspflichten, die vorvertraglichen Pflichten entsprechen, also den unselbstständigen Nebenpflichten im Vertragsverhältnis (oben 1. Abschnitt B.I.).

b) Nach anderen bestehen im vorvertraglichen SchV nur Erklärungs- bzw Aufklärungspflichten, die Schutz- und Sorgfaltspflichten seien dem deliktischen Bereich zuzuordnen. Die Gründe für diese These erscheinen beachtlich: Die für die Rechtsanalogie herangezogenen Normen des ABGB (oben I.2.a)) sanktionieren nur die Verletzung von Aufklärungspflichten. Die hM steht vor dem Problem der Abgrenzung vorvertraglicher Pflichten von deliktischen (= gegenüber jedermann bestehenden) Verkehrssicherungspflichten (instruktiv dazu der Kaufhausfall: ORAC Rechtsskriptum „Schadenersatz- und Bereicherungsrecht" 1. Abschnitt B.I.1.b)bb)). Letztlich erklärt sich – wie der Meinungsstreit zeigt – die Rechtsfigur des vorvertraglichen SchV bzw der cic (auch) aus den Unzulänglichkeiten der deliktischen Haftung im ABGB (Beweislast, Gehilfenhaftung). Man versucht, deliktische Pflichten in vorvertragliche „umzudeuten", um den Geschädigten besser zu stellen.

2. Aufklärungspflichten

Während sich die vorvertraglichen Schutz- und Sorgfaltspflichten inhaltlich nicht von deliktischen, gegenüber jedermann bestehenden Pflichten unterscheiden, sind die Aufklärungspflichten eine Besonderheit des vorvertraglichen und des vertraglichen SchV. Im deliktischen Bereich gibt es keine Aufklärungspflichten.

Über den **Umfang** der Aufklärungspflicht entscheidet die Schutzwürdigkeit des künftigen Vertragspartners, also sein Aufklärungsbedürfnis. Es ist zu fragen, ob und in welchem Umfang der andere Aufklärung erwarten durfte (Vertrauenstheorie!). Aufzuklären ist daher zB über den Vertragsgegenstand, allfällige Hindernisse, die der Leistung entgegenstehen (zB erforderliche behördliche Genehmigung), oder über Gefahren, welche die Leistung mit sich bringt (zB ärztliche Aufklärungspflicht vor einer Operation).

Mitunter sind aufgrund besonderer gesetzlicher Anordnungen vorvertragliche Informations- und Aufklärungspflichten zu beachten. Zu denken wäre hierbei bspw an § 5a KSchG (Verbraucherergeschäft) und §§ 4 ff FAGG.

3. Abbruch von Vertragsverhandlungen

Auch die **Verweigerung des Vertragsabschlusses**, nachdem Verhandlungen stattgefunden haben, kann als Verletzung vorvertraglicher Pflichten ersatzpflichtig machen.

Unterscheide:
Für die Frage, ob ein vorvertragliches Schuldverhältnis *entsteht*, ist es unerheblich, ob später ein Vertrag zustande kommt (oben C.I.1.). Wenn ein solches aber besteht, kann die Verweigerung des Vertragsabschlusses einen *Verstoß gegen die daraus resultierenden Pflichten* darstellen.

Beachte:
Sollte eine Partei zum Vertragsabschluss verpflichtet sein (zB Vorvertrag, Kontrahierungszwang), so ist die Verweigerung des Vertragsabschlusses jedenfalls rechtswidrig. Diese Rechtswidrigkeit ergibt sich aber nicht aus der Verletzung vorvertraglicher Pflichten, sondern beruht auf anderen Gründen (zB Vertragsverletzung beim Vorvertrag).

Für die Ersatzpflicht kommt es darauf an, ob der Verweigernde bei seinem künftigen Vertragspartner die Überzeugung auf einen sicheren Abschluss geweckt (Vertrauenstheorie) und dieser Vertragspartner deshalb Aufwendungen getätigt hat (= Schaden). Allerdings muss die Ersatzpflicht die Ausnahme sein, weil jede Partei grundsätzlich das Recht hat, Vertragsverhandlungen zu beenden (Abschlussfreiheit als Teil der Privatautonomie!). Eine Ersatzpflicht besteht daher nur in folgenden Fällen:

- Ein Teil täuscht seinen Abschlusswillen vor (= Verletzung vorvertraglicher Aufklärungspflichten).
- Ein Teil erweckt beim anderen das Vertrauen, der Vertrag werde zustande kommen, und lehnt dann *grundlos* den Vertragsabschluss ab (beachte die Parallele zum Rechtsmissbrauch!).

D. Nebenabreden

I. Konventionalstrafe

1. Begriff und Funktion

Beispiel:
Der Baumeister A verpflichtet sich gegenüber B zur schlüsselfertigen Übergabe eines Hauses zum Preis von € 500.000 bis zum 30. September 2021. Für jeden Tag, den das Haus später bezogen werden kann, ist im Bauwerkvertrag ein Abzug in Höhe von € 500 vorgesehen.

a) Begriff

Eine Konventionalstrafe (= Vertragsstrafe, Pönale) ist eine für den Fall der **Nichterfüllung** oder **nicht gehörigen Erfüllung** vereinbarte Leistung (§ 1336 Abs 1 S 1; vgl auch § 1336 Abs 1 S 3).

> Praktische Bedeutung hat die KS va im Baugewerbe, beim Leasing und im Arbeitsvertrag (Konkurrenzklausel; vgl §§ 36 f AngG oder § 22 TAG). **Beachte:** Im WEG ist die Vereinbarung einer KS zu Lasten der Wohnungseigentümer unwirksam (§ 38 Abs 1 Z 5 WEG).

b) Funktion

aa) Die KS soll – ähnlich wie ein vertraglicher Schadenersatzanspruch – Nachteile des Gl wegen der Nichterfüllung ausgleichen und wird daher auch als **pauschalierter Schadenersatz** bezeichnet. Dem Gl soll der oft schwierige (kostenintensive!) Nachweis eines Schadens erspart werden. Die KS ist also ein vereinbarter „Ersatz" für den (gesetzlichen) Schadenersatz.

bb) Die „Ersatzfunktion" der KS bedeutet:

- Die KS ist **unabhängig** vom Eintritt bzw vom Umfang eines tatsächlich eingetretenen **Schadens** zu leisten; der Gl braucht auch keinen diesbezüglichen Nachweis zu erbringen (das ist ja gerade Sinn der getroffenen Vereinbarung!). Siehe auch unten 2.
- Die KS ist wie der Schadenersatz mangels anderer Vereinbarung nur bei **Verschulden** des Sch zu leisten.
- Verjährung des Anspruchs aus der KS wie beim Schadenersatz nach § 1489.

c) Akzessorietät

Weil die KS eine **Nebenabrede** ist (§ 1336 verweist auf § 912!), ist sie von der Gültigkeit der Hauptleistungspflicht abhängig (**akzessorisch**). Ist daher zB etwa die Konkurrenzklausel in einem Arbeitsvertrag unwirksam, so entfällt auch die Verpflichtung zur Leistung der KS.

> **Beachte aber:**
> Der Rücktritt wegen Verzugs berührt die Wirksamkeit der Vereinbarung einer KS, die Verzögerungsschäden abdecken soll, nicht. Daher ist die KS bis zur Wirksamkeit des Rücktrittes (= Zugang der Rücktrittserklärung) zu leisten.

2. Verhältnis zum Schadenersatz

Kann trotz der Ersatzfunktion der KS (oben 1. b)) ein darüber hinausgehender Schaden geltend gemacht werden? Wir müssen unterscheiden:

a) Bürgerliches Recht: Der Gl kann neben einer KS den Ersatz eines diese übersteigenden Schadens geltend machen. Ist der Sch aber ein Verbraucher iSd § 1 Abs 1 Z 2 und Abs 3 KSchG, so muss dies im Einzelnen ausgehandelt werden (§ 1336 Abs 3).

b) KS zur Sicherung einer Konkurrenzklausel im Arbeitsvertrag: nein (§ 37 Abs 3 S 3 und 4 AngG).

3. Mäßigungsrecht

Übermäßig hohe KS können vom **Richter** gemäßigt werden (§ 1336 Abs 2 lesen!). Es handelt sich um ein Beispiel richterlicher Vertragskorrektur. Das Mäßigungsrecht ist **zwingend**, kann also durch Vereinbarung nicht abbedungen werden. Der Richter hat den Grad des Verschuldens, die Vermögenslage beider Vertragspartner sowie die Höhe des eingetretenen Schadens zu berücksichtigen. Bei einem Mitverschulden des geschädigten Gl (§ 1304) mindert sich die KS ebenfalls (pauschalierter Schadenersatz!)

Zu § 1304: ORAC Rechtsskriptum „Schadenersatz- und Bereicherungsrecht" 1. Abschnitt A.X.

II. Verwirkungsabrede

1. Mit der Verwirkungsabrede (kassatorische Klausel, lex commissoria) wird vereinbart, dass der Sch bei nicht gehöriger Erfüllung der eigenen Verbindlichkeit auch seine Ansprüche gegen den Gl verliert.
2. Allenfalls ist damit eine **Verfallsklausel** verbunden: Die vom Sch bisher erbrachten Leistungen sind bei Nichterfüllung verfallen, brauchen also vom Gl nicht zurückgegeben zu werden.

Beachte:
In Verbraucherverträgen sind Klauseln unwirksam (= nichtig iSd § 879), wonach die Rechte des Verbrauchers auf eine Sache, die der Unternehmer zur Bearbeitung übernommen hat, in unangemessen kurzer Frist verfallen (§ 6 Abs 1 Z 12 KSchG). Auch sonst behandelt die Rsp Verfallsklauseln (zB im Arbeitsvertrag) hinsichtlich ihrer Zulässigkeit restriktiv.

3. Eine besondere Art der Verwirkungsabrede ist der **Terminsverlust** bei Kreditverträgen: Wenn der Sch mit einer Kreditrate in Verzug gerät, werden alle noch ausständigen Raten fällig (Fälligkeitsverwirkung). Der Sch verliert also die Kreditbegünstigung und muss den gesamten aushaftenden Betrag sofort leisten.

Beachte:
§ 14 Abs 3 VKrG (lesen!) bindet die Ausübung eines in einem Verbrauchergeschäft vereinbarten Terminsverlustes durch den Unternehmer an folgende Voraussetzungen, die *alle* vorliegen und vom Unternehmer bewiesen werden müssen:

- Der Unternehmer selbst hat seine Leistung bereits erbracht und
- mindestens eine rückständige Teilleistung (Rate) des Verbrauchers ist seit mindestens sechs Wochen fällig und
- der Unternehmer hat den Verbraucher unter Androhung des Terminsverlustes und unter Setzung einer mindestens zweiwöchigen Nachfrist erfolglos gemahnt.

Kontrollpunkte:

✓ Entstehungsgründe von Schuldverhältnissen – rechtsgeschäftlich vs gesetzlich

✓ Auslobung

✓ vorvertragliches Schuldverhältnis
  - Begriff, Begründung, Rechtsnatur
  - culpa in contrahendo, Pflichtenlage
  - Abbruch von Vertragsverhandlungen

- ✓ Nebenabreden
  - Konventionalstrafe
    - Begriff, Funktion
    - Akzessorietät
    - zusätzlicher Schadenersatz
    - richterliches Mäßigungsrecht
  - Verwirkungsabrede, Verfallsklausel, Terminsverlust

Dritter Abschnitt: Inhalt eines Schuldverhältnisses

A. Leistungsart

I. Tun und Unterlassen

1. Begriff der Leistung

Leistung ist ein **Verhalten** des Sch, zu dem er aufgrund des SchV **verpflichtet** ist und das der Befriedigung eines **Interesses des Gl** dient. Dieses Interesse kann, muss aber nicht ein vermögenswertes (materielles) Interesse sein, auch immaterielle Interessen sind denkbar (zB Interesse des Urhebers, als solcher genannt zu werden). Das Verhalten des Sch besteht in einem **Tun** oder **Unterlassen**.

Beachte:

§ 861 nennt neben dem Tun und Unterlassen auch noch das Geben und das Gestatten. Beides sind aber Unterfälle des Tuns (Geben) bzw des Unterlassens (Gestatten). Vorbild für diesen Leistungsbegriff ist das römische Recht („dare, facere, praestare").

Das ABGB versteht als Leistung auch die Erfüllung (§ 1412 – unten 5. Abschnitt A.). Zum Leistungsbegriff im Bereicherungsrecht: ORAC Rechtsskriptum „Schadenersatz- und Bereicherungsrecht" 2. Abschnitt B.I.

2. Leistungshandlung – Leistungserfolg

Leistung ist entweder die *Leistungshandlung* oder der *Leistungserfolg*. Der Sch erfüllt seine Verpflichtung nicht immer nur durch Setzung einer Leistungshandlung. Bei **Unterlassungspflichten** ist ein Erfolg nicht denkbar, hier reicht zur Erfüllung der Leistungspflicht die Handlung des Sch (= Unterlassen). Bei Leistungspflichten, die in einem positiven **Tun** bestehen, ist je nach dem Vertragstyp zu unterscheiden: Beim Kaufvertrag und beim Werkvertrag schuldet der Verkäufer bzw Werkunternehmer einen Leistungserfolg (Verschaffung des Eigentums, Herstellung eines Werkes). Beim Dienstvertrag dagegen schuldet der Dienstnehmer nur eine Leistungshandlung (Zurverfügungstellung der Arbeitskraft).

3. Besonderheiten beim Unterlassen

Unterlassungsansprüche genießen einen **besonderen Schutz**: Dem Gl steht die **Unterlassungsklage** schon zu, wenn *künftige* Verletzungen einer Unterlassungspflicht zu befürchten sind. Der Gl ist also auch für die Zukunft geschützt. Erforderlich ist:

- gegenwärtig drohende Gefahr einer Pflichtverletzung (vorbeugender Unterlassungsanspruch) *oder*
- Wiederholungsgefahr, wenn der Sch die Pflicht bereits einmal verletzt hat (echter Unterlassungsanspruch).
- *Verschulden* ist **nicht** Voraussetzung (anders: Schadenersatzanspruch!).

Beachte:

Grund für den vorbeugenden Schutz von Unterlassungsansprüchen ist, dass ein Unterlassen anders als ein positives Tun bei Verletzung der Leistungspflicht nicht „nachgeholt" werden kann, somit der Gl auch pro futuro schutzbedürftig ist. Allerdings kann aber auch bei Pflichten zum Tun der Fall eintreten, dass die Leistung nicht mehr nachträglich erfüllt werden kann (zB Untergang der Sache bei einer Speziesschuld, Fixgeschäft).

Unterscheide von den obligatorischen Unterlassungsansprüchen jene Unterlassungsansprüche, die Inhalt eines dinglichen Rechts sind und somit gegenüber jedermann bestehen (zB negatorischer Anspruch nach § 523; dazu ORAC Rechtsskriptum „Sachenrecht" BT 1. Abschnitt E.II.).

II. Teilbarkeit der Leistung

1. Teilbar ist eine Leistung, wenn sie in Teilen erbracht werden kann *und* die Vertragsparteien an der Teilleistung **Interesse** haben.

   Ob eine Leistung teilbar ist, beurteilt sich also zum einen objektiv, dazu aber auch nach dem **Parteiwillen** (Vertragsauslegung!): Unteilbar ist eine Leistung, wenn sie technisch nicht teilbar ist oder die Vertragsparteien nur an der gesamten Leistung Interesse haben. Besteht ihr Interesse auch an der Erbringung von Teilleistungen, so ist die Leistung teilbar (§ 920 S 2 lesen!).

   Merke:
   Die Unterscheidung zwischen teilbarer und unteilbarer Leistung ist nur hinsichtlich der objektiven Seite der Teilbarkeit dieselbe wie bei der Teilbarkeit von **Sachen** (dazu ORAC Rechtsskriptum „Sachenrecht" AT 1. Abschnitt G.II.6.). Die Teilbarkeit von Sachen beurteilt sich nach der Verkehrsauffassung, die Parteien können aber von dieser objektiven Teilbarkeit durch Vereinbarung abweichen: Sie können zB teilbare Sachen als unteilbare Leistungen vereinbaren.

   Beispiel:
   Computer mit Monitor; sachenrechtlich: teilbar. Durch Auslegung eines konkreten Kaufvertrages kann sich (bzw wird sich idR) ergeben, dass der Käufer nur an der Lieferung des Computers und des Monitors Interesse hat (= unteilbare Leistung).

2. Die Unterscheidung zwischen teilbaren und unteilbaren Leistungen ist wichtig für:
   - Erfüllung (unten 5. Abschnitt A.).
   - Teilunmöglichkeit (unten 4. Abschnitt B.VI.).
   - Teilverzug (unten 4. Abschnitt C.I.5.).
   - Gewährleistung: Mangelhaftigkeit eines Teiles der Leistung (unten 4. Abschnitt D.III.4.)
   - Schuldnermehrheit (unten 7. Abschnitt A.).

III. Bestimmtheit der Leistung

1. Die Leistung muss bestimmt oder **bestimmbar** sein, damit ein gültiger Vertrag und damit eine Leistungspflicht aufgrund dieses Vertrages entsteht (§ 869; § 1054 S 2 für den Kaufpreis). Mehrere Fälle sind denkbar:
   - Einfachster Fall ist, dass die Parteien die Leistung im Vertrag bestimmt haben.
   - Haben die Parteien die Leistung nicht bestimmt, so ist mit Hilfe der *Vertragsauslegung* (zB Verkehrssitte) oder des *dispositiven* Gesetzesrechts (zB § 1152 für Dienst- und Werkvertrag) eine Bestimmung vorzunehmen.
   - Die Leistungsbestimmung soll nach der Vereinbarung durch einen *Dritten* (zB § 1056 für den Kaufpreis) oder durch eine *Vertragspartei* erfolgen.

Beachte:
Der Dritte bzw die Vertragspartei hat nach billigem Ermessen vorzugehen und darf nicht willkürlich handeln. Eine gerichtliche Überprüfung der Leistungsbestimmung ist möglich.

2. Nur wenn die Leistung nach den geschilderten Regeln überhaupt nicht bestimmbar ist, liegt **Dissens** vor und es kommt kein Vertrag zustande (ORAC Rechtsskriptum „Allgemeiner Teil“ 4. Abschnitt C.I.5.).

Beispiel:
Die Parteien eines Kaufvertrages haben keinen Kaufpreis festgelegt und auch nicht die Preisbestimmung durch eine Partei oder durch einen Dritten vereinbart. Der Kaufvertrag kommt durch Einigung über Ware und Preis zustande (§ 1053 lesen! „eine Sache um eine bestimmte Summe Geldes“). Trotz der fehlenden Preisbestimmung kann noch nicht Dissens angenommen werden. Vielmehr ist vorher durch Vertragsauslegung zu prüfen, ob die Parteien nicht zB einen kundenüblichen oder den Marktpreis (§ 1058) vereinbaren wollten.

IV. Gattungs- und Stückschuld

1. Begriffe und Abgrenzung

a) Stückschuld

Geschuldet ist ein *konkret* umschriebener Gegenstand, dieser ist nach **individuellen** Merkmalen bestimmt. Indiz ist die Verwendung des bestimmten Artikels durch die Vertragsparteien.

Beispiele:
Das Auto meiner Frau, der Ochse Kasimir, das Moped mit dem Kennzeichen XYZ.

b) Gattungsschuld

Geschuldet ist nicht ein konkreter Gegenstand, sondern irgendein Gegenstand, der von den Parteien festgelegte, **generelle** Merkmale aufweist. Häufige generelle Merkmale sind etwa Maß-, Zahl- oder Gewichtseinheiten.

Beispiele:
Ein Auto, ein Liter Bier, ein Kilogramm Mehl, eine Tonne Schotter.

Beachte:
Die Gattung kann enger (mit vielen Merkmalen) oder weiter (mit nur einem Merkmal) bestimmt werden. Trotzdem besteht weiterhin eine Gattungs- und keine Stückschuld. Beispiel: ein Liter Bier, ein Liter Weißbier, ein Liter Hefeweißbier, ein Liter dunkles Hefeweißbier, ein Liter dunkles bayrisches Hefeweißbier usw.

c) Beschränkte Gattungsschuld

Der Leistungsgegenstand ist zwar nach generellen Merkmalen bestimmt, die Gattung selbst aber zB zahlenmäßig begrenzt (Leistung aus einem Vorrat).

Beispiel:
Wein des Jahrganges 1991 aus dem Weinkeller des A.

2. Unterscheide davon: vertretbare/unvertretbare Sachen

Unterscheide von der Einteilung in Gattungsschuld und Stückschuld die Einteilung der Sachen in vertretbare und unvertretbare Sachen (dazu ORAC Rechtsskriptum „Sachenrecht" AT 1. Abschnitt G.II.5.). Ob eine Gattungsschuld oder eine Stückschuld vorliegt, entscheidet der **Wille der Vertragsparteien.** Dagegen beurteilt sich die Frage, ob eine Sache vertretbar oder unvertretbar ist, nach objektiven Kriterien, es entscheidet die **Verkehrsauffassung.** Im Regelfall wird zwar Gegenstand einer Gattungsschuld eine vertretbare Sache, Gegenstand einer Stückschuld eine unvertretbare Sache sein. So ist etwa der Kauf eines Neuwagens im Regelfall eine Gattungsschuld, gleichzeitig ist der Neuwagen infolge der serienmäßigen Erzeugung eine vertretbare Sache. Dies muss aber nicht so sein.

Beispiel:
Das Bild „Der Kuss" ist ebenso wie die sonstigen Bilder von Gustav Klimt eine unvertretbare Sache, weil es nur ein Stück davon gibt. Ein Kaufvertrag über das Bild „Der Kuss" wäre eine Stückschuld, weil die Parteien genau dieses Bild als Inhalt des Kaufvertrages bestimmt haben. Kauft dagegen jemand „einen Klimt", so liegt eine Gattungsschuld vor, weil nicht ein konkretes Bild von Klimt vereinbart ist, sondern der Leistungsgegenstand nur nach einem generellen Merkmal (Maler) bestimmt ist. Zugleich ist die Gattungsschuld beschränkt, weil Klimt nur eine bestimmte Zahl an Gemälden geschaffen hat.

Überprüfungsfälle – Stück- oder Gattungsschuld?

- A kauft von B „sein weißes Auto": Stückschuld, geschuldet ist das eine, weiße Auto von B.
- A tauscht mit B „seinen Hut" gegen „eine neue Sonnenbrille": Hut ist Stückschuld; „eine neue Sonnenbrille" ist Gattungsschuld, geschuldet ist irgendeine Sonnenbrille, die neu ist.
- A kauft von B „sein Boot mit Baujahr 2003": Stückschuld, geschuldet ist das eine Boot von B (mit Baujahr 2003).

3. Erfüllung

a) Bei der Gattungsschuld erfüllt der Sch seine Leistungspflicht, indem er irgendeine Sache aus der Gattung leistet. Dagegen muss der Sch bei der Stückschuld genau die vertraglich festgelegte Sache leisten. Zum Zeitpunkt des Vertragsabschlusses steht also bei der Gattungsschuld noch nicht fest, mit welchem konkreten Stück aus der Gattung erfüllt wird. Voraussetzung der Erfüllung ist die **Konzentration** (Konkretisierung).

b) Wann erfolgt die Konzentration? Nach hM, sobald der Sch alles zur Erfüllung der Gattungsschuld Erforderliche getan hat:

- Der Sch muss eine konkrete Sache aus der Gattung zur Erfüllung *auswählen,*
- es ist *Fälligkeit* eingetreten (unten B.I.) und

- der Sch bietet die Leistung am *richtigen Ort* an (unten C.).
- Daher tritt Konzentration im „Normalfall" mit der Übergabe ein, aber auch, wenn der Gl sich in Annahmeverzug befindet. Beim Schuldnerverzug hat der Sch (noch) nicht das zur Erfüllung Erforderliche getan, somit keine Konzentration.

c) Die Konzentration *bewirkt*, dass die Gattungsschuld ab diesem Zeitpunkt wie eine *Stückschuld* behandelt wird. Dies ist wichtig für die Leistungsgefahr (unten 4. Abschnitt B.IV.).

Ein Teil der Lehre bestimmt die Konzentration mit Hilfe der Gefahrtragung. Dies führt zum selben Ergebnis, wenn man Folgendes bedenkt: Die Anwendung der Gefahrtragungsregeln, welche auf die Stückschuld abstellen, setzt die Konzentration voraus. Erst ab Konzentration wird die Gattungsschuld wie eine Stückschuld behandelt.

4. Qualität der Gattung

Besonderheiten weist die Gattungsschuld auch hinsichtlich der Qualität der Leistung auf: Haben die Parteien keine Vereinbarung getroffen, so sind Sachen mittlerer Art und Güte zu leisten (§ 905a; vgl für die Gewährleistung auch § 922 und dazu noch unten 4. Abschnitt D.).

V. Wahlschuld

1. Begriff

Bei der Wahlschuld hat eine Partei das Recht, bei der **Erfüllung** zwischen mehreren, vereinbarten Leistungen zu wählen. Bei der Wahlschuld sind also mindestens **zwei Leistungen** (X und Y) **Schuldinhalt**, der Berechtigte kann wählen, ob mit der Leistung X oder mit Y erfüllt werden soll. Im Zweifel steht das Wahlrecht dem Sch zu (§ 906), es kann aber auch für den Gl vereinbart sein oder wie die Leistungsbestimmung (oben III.) einem Dritten überlassen werden.

Beispiel:
Vereinbart ist die Lieferung von 10 l Veltliner oder 10 l Weißburgunder.

Unterscheide davon die Gattungsschuld (oben IV.): Hier ist nur eine Leistung Schuldinhalt. Diese Leistung ist aber nach generellen Merkmalen bestimmt, sodass bei Vertragsabschluss noch nicht feststeht, mit welchem konkreten Stück aus der Gattung erfüllt wird. Beispiel: Vereinbart ist die Lieferung von 10 l Veltliner. Welche konkreten Flaschen tatsächlich zur Erfüllung herangezogen werden, steht bei Vertragsabschluss noch nicht fest. Zur Erfüllung bedarf es erst noch der Konzentration (IV.3.).

2. Ausübung der Wahl, Bereicherungsrecht

Die Wahl wird durch **Erklärung** oder durch **Erfüllung** einer Leistung ausgeübt, sie kann nicht mehr einseitig widerrufen werden (§ 906). Erbringt der Sch irrtümlich *beide* Leistungen, so kann er eine kondizieren. Im Zweifel steht auch hier dem Sch das Wahlrecht zu, welche Leistung er zurückverlangt (§ 1436 lesen!).

Es handelt sich um einen Sonderfall der condictio indebiti (§ 1431, ORAC Rechtsskriptum „Schadenersatz- und Bereicherungsrecht" 2. Abschnitt B.).

3. Verzug mit der Wahl

a) Wahlrecht des **Sch**: Der Gl muss alternativ auf die Leistungen klagen, die Inhalt der Wahlschuld sind. Auch der Urteilsspruch hat wie die Klagsformel alternativ nach Wahl des Sch zu lauten. Erst in der Exekution kann der Gl den Antrag auf eine der Leistungen einschränken, der Sch hat aber immer noch die Möglichkeit, durch Erbringung der anderen Leistung zu erfüllen (§ 12 EO). Das Wahlrecht steht dem Sch also bis zum Vollzug der Exekution zu.

Beispiel wie oben 1.:
Das Wahlrecht zwischen 10 l Veltliner oder 10 l Weißburgunder steht dem Verkäufer (= der Sch der Sachleistung) zu. Der Käufer (= der Gl der Sachleistung) klagt auf Lieferung entweder von 10 l Veltliner oder von 10 l Weißburgunder. Das Urteil lautet: Der Verkäufer ist bei sonstiger Exekution verpflichtet, nach seiner Wahl 10 l Veltliner oder 10 l Weißburgunder zu liefern. Wenn der Verkäufer noch immer nicht liefert, stellt der Käufer einen Exekutionsantrag, der zB auf Lieferung von 10 l Veltliner lautet. Wenn der Exekutor beim Verkäufer erscheint, übergibt ihm dieser 10 l Weißburgunder und hat damit den Kaufvertrag erfüllt.

b) Wahlrecht des **Gl**: Die Nichtausübung des Wahlrechts ist **Gläubigerverzug** (unten 4. Abschnitt C. II.). Abgesehen von den sonstigen Folgen des Annahmeverzuges (§ 1419) wird dem Sch das Recht zugestanden, den Gl zur Wahl aufzufordern. Wählt der Gl dennoch nicht, so kann der Sch selbst wählen oder vom Vertrag zurücktreten (§ 1063b mit Verweis auf § 906 Abs 2 lesen!)

Beispiel wie oben 1.:
Die Wahl zwischen Veltliner und Weißburgunder steht dem Käufer (= Gl) zu. Als dieser sein Wahlrecht trotz Aufforderung des Verkäufers (= Sch) nicht ausübt, liefert der Verkäufer 10 l Weißburgunder (oder tritt vom Vertrag zurück).

4. Untergang eines Wahlstückes

Wird eine der wahlweisen Leistungen unmöglich (zB Untergang eines Wahlstückes), so kann das Wahlrecht nicht mehr (in vollem Umfang) ausgeübt werden. Hinsichtlich der Rechtsfolgen ist zu unterscheiden, ob die Unmöglichkeit zufällig oder von einer Partei verschuldet ist und wem das Wahlrecht zusteht (§ 907 S 1 bzw S 2):

- *zufällige* Unmöglichkeit: Der Wahlberechtigte ist nicht mehr an den Vertrag gebunden, dh, er hat ein *Rücktrittsrecht*. Er kann aber die noch mögliche Leistung wählen.
- *Wahlrecht und Verschulden des Sch*: Er muss aus den noch möglichen Leistungen auswählen. Der Gl hat keinen Schadenersatzanspruch, weil ihm kein Anspruch auf eine bestimmte Leistung zusteht (Wahlrecht des Sch!).
- *Wahlrecht des Sch/Verschulden des Gl*: Der Sch hat ein Rücktrittsrecht; der Gl wird ersatzpflichtig.
- *Wahlrecht des Gl/Verschulden des Sch*: Der Gl hat ein Rücktrittsrecht und er kann Schadenersatz wegen Nichterfüllung verlangen.
- *Wahlrecht und Verschulden des Gl*: Er kann entweder die unmögliche Leistung wählen (dh auf seine Forderung verzichten) oder dem Sch Schadenersatz anbieten und die noch mögliche Leistung wählen.

5. Unterscheide davon: Alternativermächtigung

Unterscheide von der Wahlschuld die *Alternativermächtigung* (Ersetzungsbefugnis, *facultas alternativa*). Bei der **Wahlschuld** sind mindestens **zwei** Leistungen Schuldinhalt, welche der Leistungen zur Erfüllung herangezogen wird, entscheidet der Wahlberechtigte (oben 1.). Bei der **Alternativermächtigung** ist nur **eine** Leistung Schuldinhalt, der Sch kann aber diese geschuldete Leistung durch eine andere ersetzen.

Wesentliche Unterschiede:

- Anders als bei der Wahlschuld hat der Gl nur Anspruch auf die geschuldete Leistung.
- Der Sch kann seine Ersetzungsbefugnis wie bei der Wahlschuld mit Wahlrecht des Sch bis zur Exekution ausüben, Klage und Urteil lauten aber nur auf die geschuldete Leistung.
- Bei Unmöglichkeit der geschuldeten Leistung weist die Alternativermächtigung keine Besonderheiten auf, die Rechtsfolgen beurteilen sich nach §§ 920, 1447 (unten 4. Abschnitt B.).

Beispiele für Alternativermächtigung:

- Aufzahlungsbefugnis bei der Verkürzung über die Hälfte (unten 4. Abschnitt F.IV.);
- Umrechnung bei der einfachen Fremdwährungsschuld (unten VI.2.dd));
- Zahlung des Fehlbetrages durch den Beschenkten gegenüber den verkürzten Pflichtteilsberechtigten (§ 789 – ORAC Rechtsskriptum „Erbrecht“ 9. Abschnitt D.);
- Rückstellungsbefugnis des Vermächtnisnehmers nach § 694 (ORAC Rechtsskriptum „Erbrecht“ 7. Abschnitt B. III.);
- Überlassung des Hauptvermächtnisses anstelle der Erfüllung des Untervermächtnisses (§ 650 letzter HS, ORAC Rechtsskriptum „Erbrecht“ 7. Abschnitt B.IV.2.).

VI. Geldschuld

1. Begriff des Geldes

Geld ist das staatlich anerkannte Zahlungsmittel, für das Annahmezwang besteht. Wir unterscheiden Bargeld und Buchgeld.

a) **Bargeld** sind inländische oder ausländische Banknoten und Münzen. Die gemeinsame Währung Euro muss in Österreich zum Nennwert angenommen werden.

Unterscheide vom Nennwert den inneren Wert des Geldes (Kaufkraft – unten 3.). Münzen haben überdies noch einen Metallwert, der im Regelfall niedriger ist als der Nennwert.

Beachte:
Bei Wechsel und Scheck besteht anders als beim Bargeld kein Annahmezwang (s auch unten 5. Abschnitt C).

b) Von **Buchgeld** (Giralgeld) spricht man im bargeldlosen Zahlungsverkehr (Giroverkehr). Der Sch gibt dem Gl nicht Bargeld, sondern verschafft ihm eine **Forderung** gegenüber seiner Bank. Der Sch weist seine Bank an, an den Gl einen Geldbetrag auszubezahlen. Im Regelfall (anders etwa bei der Postanweisung) ist auch auf der Gläubigerseite eine Bank eingeschaltet, die Forderung wird am Konto des Gl gutgeschrieben (zur Anweisung unten 7. Abschnitt E.).

Erfüllungswirkung: Gegenüber der Bargeldzahlung bedingt die Zahlung mit Buchgeld für den Gl das Risiko, dass die angewiesene Bank zahlungsunfähig wird oder dass die Bank des (verschuldeten) Gl mit eigenen Forderungen gegen die Buchforderung des Gl aufrechnet (der Gl bekommt in beiden Fällen kein Geld!). Daher ist Buchgeld als **Leistung an Zahlungs statt** (§ 1414) anzusehen und bedarf zur Erfüllungswirkung der Zustimmung des Gl (unten 5. Abschnitt C.). Das Einverständnis kann vom Gl konkludent (§ 863) erteilt werden, so zB wenn er auf Geschäftspapieren seine Kontonummer angibt oder dem Sch zur Bezahlung Zahlscheine zusendet (vgl aber auch § 6a Abs 1 KSchG; § 15 Abs 3 S 2 MRG).

Beachte:
Fraglich ist, ob § 907a (lesen!) an der Einstufung einer Überweisung etwas geändert hat. Allerdings verlangt auch diese Bestimmung selbst, dass der Gläubiger ein Bankkonto bekannt gegeben hat.

2. Besonderheiten der Geldschuld

a) Geldschulden sind **Gattungsschulden.**

Ausnahme: zB Kauf einer Euromünzen-Sonderprägung durch einen Sammler. Warum? Die entsprechende Münze ist geschuldet. Achtung: evtl beschränkte Gattungsschuld.

b) Besonderheiten:

aa) Geldschulden sind **Summen- oder Wertschulden.** Dem Gl kommt es (anders wiederum beim Sammler!) nicht auf eine bestimmte Münze oder Banknote an, vielmehr will er den Wert des Geldes als Gegenleistung erhalten. Der für die Gattungsschuld sonst gültige Satz, mangels Vereinbarung seien Stücke mittlerer Art und Güte zu leisten (oben IV.4.), hat daher bei Geldschulden keinen Sinn.

bb) Geldschulden waren nach alter Rechtslage iZw qualifizierte Schickschulden. Durch das Zahlungsverzugsgesetz (ZVG) wurde der § 907a geschaffen, der die Geldschuld zur *Bringschuld* gemacht hat (unten C.II.2.b)).

cc) Der **Geldmangel** ist **kein Fall der Unmöglichkeit**, der Sch bleibt zahlungspflichtig, auch wenn er kein Geld hat. Denn er haftet mit seinem ganzen Vermögen (oben 1. Abschnitt D.II.), das er zu Geld machen kann. Selbst wenn der Sch kein Vermögen besitzt, besteht die Wahrscheinlichkeit, dass er in Zukunft wieder zu Geld kommt.

dd) **Fremdwährungsschuld**: Wird die Zahlung in ausländischer Währung vereinbart (Valutaklausel), so ist zwischen einfacher und effektiver Valutaschuld (Fremdwährungsschuld) zu unterscheiden:

- Bei der **effektiven Valutaschuld** ist die Zahlung in ausländischer Währung ausdrücklich vereinbart (Effektivklausel), der Sch muss also in der Fremdwährung bezahlen (§ 907b).
- Die **einfache Valutaschuld** kann auch in inländischer Währung bezahlt werden, wenn der Zahlungsort im Inland liegt (§ 907b). Für den Sch besteht also eine facultas alternativa (oben V.5.): Er kann die Schuld in der Fremdwährung (= Inhalt der Vereinbarung) oder in inländischer Währung zahlen. Zahlt er in inländischer Währung, so erfolgt die Umrechnung nach dem Tageskurs am Zahlungsort zum Fälligkeitszeitpunkt. Bei Schuldnerverzug kann der Gl wählen, ob die Umrechnung zum Fälligkeitstag oder Zahlungstag erfolgen soll. Eine der beiden Alternativen wird für ihn günstiger sein, je nachdem, ob der Kurs der ausländischen Währung inzwischen gefallen oder gestiegen ist (§ 907b Abs 2).

3. Inflation

Weil der Gl verpflichtet ist, Geld zum *Nennwert* anzunehmen, trägt er das *Risiko der Geldentwertung*. Die *Rsp verneint* grundsätzlich eine *Aufwertung* der Nominalschuld bei Inflation.

Ausnahmen:

- Schulden mit *Unterhalt*scharakter;
- *Schadenersatz*: Hat der Schädiger den Wert einer Sache zum Zeitpunkt der Schädigung zu ersetzen, so ist auf die zwischen dem Zeitpunkt der Schädigung und jenem des Urteils eingetretene Geldentwertung Bedacht zu nehmen (dies ist nur bei objektiv-abstrakter Schadensberechnung von Bedeutung, bei subjektiv-konkreter Berechnung ist ohnehin immer der Beurteilungszeitpunkt [Schluss der Verhandlung erster Instanz] maßgeblich: ORAC Rechtsskriptum „Schadenersatz- und Bereicherungsrecht" 1. Abschnitt A.VIII.).
- Bei *Dauerschuldverhältnissen* kann eine erhebliche Inflation ein wichtiger Grund zur Auflösung (ao Kündigung) sein.

4. Wertsicherung

Weil die Rsp idR eine Aufwertung verneint (oben 3.), versuchen Gl, sich gegen die Geldentwertung abzusichern. Dies geschieht durch die Vereinbarung von **Wertsicherungsklauseln**: Die geschuldete Summe wird durch Bezugnahme auf einen Faktor aufgewertet, der den inneren Wert und va dessen Entwicklung widerspiegelt. Besonders wichtig ist die Wertsicherung bei Dauerschuldverhältnissen, weil dort infolge der Dauer das Inflationsrisiko besonders groß ist.

Beispiele:

- **Indexklauseln** (zB Verbraucherpreisindex, Lebenshaltungskostenindex): Unter Bezugnahme auf ein bestimmtes Ausgangsjahr gibt der Index die seither erfolgte Inflation wieder (zB Verbraucherpreisindex 2020).

> **Beispiel:**
> Abschluss eines Mietvertrages April 2005; Hauptmietzins = € 1.000 wertgesichert nach VPI 2005 auf Basis der für April 2005 veröffentlichten Indexzahl (= 100,00); Indexzahl für Mai 2007: 103,6; daher sofern Anpassung erfolgt: Hauptmietzins Mai 2007 = € 1.036.

- Valutaklauseln (oben 2.b)dd))
- Goldklauseln waren bis 1991 durch das GoldklauselG 1937 verboten. Das Goldklauselgesetz wurde aufgehoben (BGBl 1991/30), sodass Goldklauseln wieder zulässig sind.

VII. Zinsen

1. Begriff

Unter Zinsen versteht man das **Entgelt für die Nutzung von Kapital**. Sie werden in Prozent des Kapitals pro Zeiteinheit berechnet. Zinseszinsen sind Zinsen für die Zinsen.

> **Unterscheide** davon den Zins beim Bestandvertrag (Mietzins, Pachtzins). Die Dividende unterscheidet sich von den Zinsen dadurch, dass ihre Höhe nicht von vornherein feststeht (Gewinnbeteiligung). Annuitäten sind Rückzahlungs- (Amortisations-, Tilgungs-)Quoten, also jener Teil des Kapitals, der pro Zeiteinheit zurückzuzahlen ist.

2. Zinsen als Früchte

Nach dem ABGB sind Zinsen **Zivilfrüchte** bzw **Nebengebühren** (§ 912 lesen!). Das bedeutet, dass sie das rechtliche Schicksal der Hauptleistung teilen.

> Zum sachenrechtlichen Schicksal von Früchten: ORAC Rechtsskriptum „Sachenrecht“ AT 1. Abschnitt G.II.3.

Ausnahmen:

- Zinsen können selbst Hauptleistung sein (zB Kreditvertrag).
- Zinsen verjähren unabhängig von der Hauptleistung in drei Jahren (§ 1480).
- Der Gl kann über die Zinsen selbstständig verfügen (zB Abtretung, Verpfändung). Zur Exekution s § 216 Abs 2 EO.

3. Vertragliche und gesetzliche Zinsen

Die Höhe der *gesetzlichen Zinsen* ist in § 1000 ABGB festgelegt. Sofern gesetzlich nichts anderes bestimmt wird, beträgt der Zinssatz für Zinsen, die ohne konkrete Bestimmung der Höhe entweder aus dem Gesetz gebühren oder vertraglich vereinbart wurden 4 % pa (§ 1000 Abs 1 „vier vom Hundert auf ein Jahr“). Vgl dazu § 1333 Abs 2! Darüber hinaus bestehen Sonderregeln im Wechsel- und Scheckrecht (6 % gem Art 48 f WG, Art 46 Z 2 SchG).

Die Höhe *vertraglicher* Zinsen ist gesetzlich nicht geregelt; es besteht Vertragsfreiheit mit folgenden Einschränkungen:

- **Wucher** (§ 879 Abs 2 Z 4, § 1 WuchG)
- **§ 1335** (Verbot des ultra alterum tantum – lesen!): Rückständige Zinsen können, solange der Gl sie nicht einklagt (Zeitpunkt der Streitanhängigkeit), das Kapital nicht übersteigen. Der Zinsenlauf hört also auf, wenn der Gesamtbetrag der rückständigen Zinsen den Kapitalbetrag erreicht. Dies gilt nicht, wenn es sich um Geldforderungen gegen einen Unternehmer aus für ihn unternehmerischen Geschäften handelt (§ 1335 iVm § 353 UGB). Das Kriterium des „unternehmerischen Geschäfts“ findet sich zwar nicht (mehr) ausdrücklich im Gesetz, ist jedoch getreu der ratio legis ebenso/weiterhin zu fordern (str).
- § 6 Abs 1 Z 13 KSchG: „Für den Verbraucher sind besonders solche Vertragsbestimmungen im Sinn des § 879 ABGB jedenfalls nicht verbindlich, nach denen ... die im Fall des Verzugs des Verbrauchers zu zahlenden Zinsen den für den Fall vertragsgemäßer Zahlung vereinbarten Zinssatz um mehr als fünf Prozentpunkte pro Jahr übersteigen“.
- **Zinseszinsen** gebühren nur bei ausdrücklicher Vereinbarung oder wenn fällige Zinsen eingeklagt werden, ab Klagszustellung (Prozesszinsen). Sie betragen mangels Vereinbarung über die Höhe ebenfalls 4 % pa (§ 1000 Abs 2).

4. Verzugszinsen

Gesetzliche Zinsen sind insbesondere die *Verzugszinsen*. Sie sollen den Schaden, den der Gl durch den Schuldnerverzug erleidet, pauschal abgelten (§ 1333 Abs 1 lesen!). Für Verzugszinsen für Geldforderungen zwischen Unternehmern aus unternehmerischen Geschäften (beiderseitig unternehmensbezogenes Geschäft erforderlich!) beträgt der Zinssatz 9,2 Prozentpunkte über dem Basiszinssatz. Dabei ist der Basiszinssatz, der am ersten Kalendertag eines Halbjahres gilt, für das jeweilige Halbjahr maßgebend (§ 456 UGB lesen!). Diesen Zinssatz muss der Unternehmer allerdings nur leisten, wenn er den Zahlungsverzug verschuldet hat. Trifft ihn kein Verschulden, so gelangt der allgemeine Zinssatz von 4 % (§ 1000 Abs 1 ABGB) zur Anwendung.

Verzugszinsen gebühren dem Gl ab dem Zeitpunkt der **Fälligkeit**, wenn der Sch mit einer Geldleistung in Verzug gerät, objektiver Verzug reicht aus (zum Schuldnerverzug unten 4. Abschnitt C.I.). Nach § 1334 bestimmt sich die Fälligkeit einer Forderung (und damit der Beginn des Laufs der Verzugszinsen) primär nach dem durch das Gesetz oder den Vertrag bestimmten Zahlungszeitpunkt. Mangels eines vertraglich oder gesetzlich festgelegten Zahlungstermins bedarf die Fälligstellung der Forderung einer Mahnung des Gl. Unterlässt der Gl die Einmahnung, so kann er für diesen Zeitraum auch keine gesetzlichen Zinsen fordern (ausführlich zur Fälligkeit sogleich unten B.I.).

Bei *Verschulden* des Sch kann der Gl einen darüber hinausgehenden Schaden geltend machen. Als Nachteil, den der Sch bei einem Verschulden an der Zahlungsverzögerung zu ersetzen hat, nennt § 1333 Abs 2 insbesondere die außergerichtlichen Betreibungs- und Einbringungskosten (Inkassokosten), jedoch nur soweit diese in einem angemessenen Verhältnis zur betriebenen Forderung stehen. § 458 UGB gewährt dem Gl (iVm § 455 UGB) (nur!) im beiderseitigen Unternehmergeschäft sowie bei Rechtsgeschäften zwischen einem Unternehmer und einer juristischen Person des öffentlichen Rechts ausdrücklich eine **pauschalierte Entschädigung** für etwaige Betreibungskosten in Höhe von € 40. Dieser Anspruch gebührt dem Gl verschuldensunabhängig. Ein tatsächlicher Aufwand muss nicht nachgewiesen werden. Für den Ersatz von Betreibungskosten, die diesen Pauschalbetrag übersteigen, ist § 1333 Abs 2 anzuwenden.

B. Leistungszeit

I. Fälligkeit

1. Begriff

Fälligkeit (Leistungszeit) ist jener **Zeitpunkt**, zu dem der *Sch* seine *Leistung erbringen* und der *Gl* sie *annehmen* muss (beachte allerdings noch unten 4. Abschnitt C.II.2. zum Gläubigerverzug). Vor Fälligkeit darf weder der Gl die Leistung fordern noch der Sch sie erbringen (§ 1413 lesen!).

> Eine Ausnahmebestimmung sieht § 16 VKrG vor: Im Rahmen eines Verbraucherkreditvertrages (§ 4 VKrG) darf der Verbraucher den Kredit vorzeitig zurückzahlen.

2. Bestimmung der Fälligkeit

a) Vertragsauslegung

Die Fälligkeit ergibt sich im Regelfall aus der **Vereinbarung** der Parteien (Vertragsauslegung). Haben die Parteien nichts vereinbart, so kann sich die Fälligkeit aus *Natur und Zweck der Leistung* ergeben (§ 1418 S 1).

> Die Vertragsauslegung nach Natur und Zweck der Leistung ist etwa beim *Darlehen* wichtig: Haben Darlehensgeber und Darlehensnehmer keine Vereinbarung über die Fälligkeit getroffen, so würde die gesetzliche Regelung des § 904 S 1 (unten b), wonach der Darlehensgeber die Darlehensvaluta sogleich zurückfordern könnte, dem Zweck des Darlehens gerade widersprechen. Der Zweck einer Darlehensvereinbarung besteht vielmehr darin, dass dem Darlehensnehmer die Darlehenssumme eine gewisse Zeit zur Verfügung steht.

Für bestimmte Leistungen bestehen dispositive (dh zur Vereinbarung subsidiäre) Fälligkeitsbestimmungen im Gesetz:

- Entgelt beim Werkvertrag (§ 1170 S 1);
- Bestandzins (§ 1100);

- Unterhaltsleistungen (§ 1418 S 2: ein Monat im Voraus);
- Leibrente (§ 1285 S 2: vierteljährlich im Voraus).
- In der Insolvenz des Sch werden terminisierte Forderungen (Forderungen mit vereinbartem Fälligkeitszeitpunkt) sofort fällig (§ 14 IO lesen!).
- § 1000 Abs 3: Haben die Parteien über die Frist zur Zahlung der Zinsen keine Vereinbarung getroffen, so sind diese bei der Zurückzahlung des Kapitals oder, sofern der Vertrag auf mehrere Jahre abgeschlossen worden ist, jährlich zu zahlen.

b) Fälligkeit durch Mahnung

Lässt sich die Fälligkeit weder durch Vertragsauslegung noch aus gesetzlichen Regelungen bestimmen, so greift **§ 904** S 1: Der Gl kann die Leistung sogleich, dh ohne unnötigen Aufschub, fordern. Man nennt diese Aufforderung des Sch durch den Gl **Mahnung**.

Merke:
Wenn also – wie im Geschäftsleben alltäglich – ein Fälligkeitstermin vereinbart ist, braucht es keine Mahnung! Die Mahnung ist eine einseitige, empfangsbedürftige Willensmitteilung (ORAC Rechtsskriptum „Allgemeiner Teil" 4. Abschnitt B.). Außergerichtliche Mahnung reicht für den Eintritt der Fälligkeit aus. Vgl zu § 904 auch §§ 1334, 1417 und 685. Diese Normen greifen ebenfalls nur, wenn die Fälligkeit nicht durch Vertrags- bzw Testamentsauslegung ermittelt werden kann und auch keine speziellen gesetzlichen Fälligkeitsregeln zur Anwendung kommen.

3. Folgen

a) Verzug setzt Fälligkeit voraus: Leistet der Sch bei Fälligkeit nicht, so gerät er in Schuldnerverzug (§ 918 Abs 1 1. Fall – unten 4. Abschnitt C.I.1.). Nimmt der Gl die (ordnungsgemäße) Leistung zum Fälligkeitszeitpunkt nicht an, so befindet er sich in Annahmeverzug (unten 4. Abschnitt C. II.1.).

b) Die Fälligkeit bestimmt den **Beginn der Verjährung** (§ 1478 S 2).

II. Stundung

1. Stundung ieS

a) Begriff

Die Parteien können den *Fälligkeitszeitpunkt* nachträglich durch *Vereinbarung hinausschieben*. Man nennt diese Vereinbarung Stundung.

Beachte:
Es handelt sich um eine **Schuldänderung**, weil die Leistungszeit geändert wird (aber: keine Novation! – dazu unten 6. Abschnitt A.I. und II.).
Neben der vereinbarten Stundung gibt es auch die richterliche (zB Räumungsaufschub nach § 35 MRG) oder gesetzliche Stundung (Zwangsstundung, Moratorium; vgl etwa § 2 2. COVID-19-JuBG).

b) Rechtsfolgen

- der Sch kommt mangels Fälligkeit nicht in Verzug;
- die Verjährung wird gehemmt (**Fortlaufshemmung** – ORAC Rechtsskriptum „Allgemeiner Teil" 6. Abschnitt B.)

2. Reine Stundung

a) Begriff

Unterscheide von der Stundung oben 1. (= die Fälligkeit ändernde Vereinbarung/Schuldänderung) die „reine" Stundung: Hier wird nicht die Fälligkeit durch Vereinbarung geändert, sondern der Gl wartet mit der Geltendmachung seiner Forderung über die Fälligkeit hinaus zu (*faktischer* Aufschub).

> **Beachte:**
> Ob Stundung oder reine Stundung vorliegt, ist eine Auslegungsfrage, wobei meist das (abwartende) Verhalten des Gl daraufhin zu beurteilen sein wird, ob es sich dabei um das konkludente (§ 863) Angebot für eine Stundungsvereinbarung handelt. Wird die Stundung vor Eintritt der Fälligkeit vereinbart, so handelt es sich iZw um eine echte (fälligkeitsändernde) Stundung. Ist Fälligkeit und damit Verzug bereits eingetreten, so wird iZw reine Stundung vorliegen. Hat der Sch in diesem Fall ein Entgelt versprochen, so wird dagegen eher echte Stundung vorliegen.

b) Rechtsfolgen

- Anders als bei der eigentlichen Stundung ist der Sch ab Fälligkeit (diese wird nicht geändert!) in **Verzug**, er muss also Verzugszinsen leisten (oben A.VII.4.).
- Obwohl die reine Stundung nichts an der Fälligkeit ändert, wird die Verjährung wie bei der echten Stundung gehemmt.

C. Erfüllungsort

I. Begriff und Bestimmung

1. Begriff

Erfüllungsort (Leistungsort) ist der *Ort*, an dem der *Sch* die *Leistung* zu *erbringen* und der Gl sie anzunehmen hat.

2. Bestimmung

Der Erfüllungsort ergibt sich wie die Fälligkeit (oben B) aus der **Vereinbarung** oder aus Natur und Zweck des Geschäftes (§ 905 Abs 1 S 1 1. Alt).

> **Beachte:**
> Nachträgliche, einseitige Bestimmung durch eine Vertragspartei ist keine Vereinbarung (zB „zahlbar und klagbar in Salzburg" auf einer Rechnung), wird aber als Beweis (für eine mündliche Vereinbarung) bedeutsam sein.

> **Beispiele** für Natur des Geschäftes: Ladenkauf; Arbeitsleistung des Dienstnehmers (Betrieb des Arbeitgebers).

Kann der Erfüllungsort so nicht bestimmt werden, so ist Erfüllungsort iZw der **Wohnsitz** bzw die **Niederlassung** des **Sch** (§ 905 Abs 1 S 1 2. Alt: Holschuld).

3. Bedeutung des Erfüllungsortes

- **Verzug**: Leistet der Sch nicht am Erfüllungsort, sondern anderswo, so gerät er in Schuldnerverzug (§ 918 Abs 1 2. Fall – unten 4. Abschnitt C.I.1.). Nimmt der Gl die am Erfüllungsort vom Sch angebotene Leistung nicht an, so liegt Annahmeverzug vor (unten 4. Abschnitt C.II.1.).
- **Gerichtszuständigkeit** (zB § 88 JN: Gerichtsstand des Erfüllungsortes; vgl auch Art 7 EuGVVO, beachte aber § 14 KSchG und Art 17 ff EuGVVO).
- **Maß und Gewicht** (§ 905 Abs 1 S 2), also Maßeinheiten, auch für Zeitrechnung und Entfernung.

II. Hol-, Bring- und Schickschuld

1. Holschuld

Mangels Vereinbarung eines Erfüllungsortes durch die Parteien ist Holschuld anzunehmen: Erfüllungsort ist jener Ort, an dem der **Sch** zum Zeitpunkt des *Vertragsabschlusses* seinen **Wohnsitz** oder – bei Verbindlichkeiten eines Unternehmers – seine **Niederlassung** hat (§ 905 Abs 1 S 1 2. Alt; oben I.2.).

Der Gl muss also die Leistung am Wohnort (Ort der Niederlassung) des Sch in Empfang nehmen. Der Sch braucht die Leistung nur an seinem Wohnort (Ort der Niederlassung) bereitzuhalten und hat damit seine Leistungsverpflichtung rechtzeitig und am richtigen Ort erfüllt. Holt der Gl die Leistung nicht beim Sch ab, so gerät er in Annahmeverzug, dh (ua) die Gefahr geht auf ihn über (unten 4. Abschnitt C.II.2.).

2. Bringschuld

a) Die Parteien können aber auch eine Bringschuld vereinbaren (= Vereinbarung nach § 905 Abs 1 S 1 1. Alt): Hier ist Erfüllungsort der **Wohnsitz (Ort der Niederlassung) des Gl.**

   Der Sch muss also die Leistung dort erbringen (sie zum Gl bringen). Erst damit hat er rechtzeitig und am richtigen Ort erfüllt und gerät nicht in Schuldnerverzug. Gläubigerverzug tritt dementsprechend erst ein, wenn der Gl die ihm an seinem Wohnsitz (Ort seiner Niederlassung) vom Sch angebotene Leistung nicht annimmt. Erst zu diesem Zeitpunkt geht die Gefahr auf den Gl über (unten 4. Abschnitt C.II.2.).

b) **Geldschulden** waren nach **früherer Rechtslage** iZw **qualifizierte Schickschulden** (§ 905 Abs 2 aF): Erfüllungsort war der Wohnsitz des Sch. Der Sch musste die Geldleistung an den Gl absenden (= wie bei der „normalen“ Schickschuld unten 3.). Anders als bei sonstigen Schickschulden hat der Sch die Gefahr getragen, dass das Geld beim Gl ankommt. Ist das Geld auf dem Transport verloren gegangen, so musste der Sch noch einmal leisten (daher „qualifizierte“ Schickschuld). Auch die Kosten der Versendung hatte iZw der Sch zu tragen.

   Mit dem ZVG wurde der § 907a ABGB geschaffen, der auf alle ab dem 16. 3. 2013 geschlossenen Verträge anwendbar ist. Mangels anderer Vereinbarung sind **Geldschulden nach neuerer Rechtslage Bringschulden**: Erfüllungsort ist der Sitz des Gl. Der Sch trägt nicht nur das Verlustrisiko, sondern haftet auch für eine bloße Verzögerung. Dh, der Sch hat dafür Sorge zu tragen, dass das Geld rechtzeitig bei dem Gl einlangt und dieser am Tag der Fälligkeit bereits über den Betrag verfügen kann. Langt das Geld nicht rechtzeitig beim Gl ein, so hat der Sch Verzugszinsen zu bezahlen. Der Geldbetrag kann physisch übergeben (zB Barzahlung oder Geldbote) oder auf ein vom Gl bekannt gegebenes Bankkonto überwiesen werden (s dazu § 907a Abs 2). Dieses Wahlrecht steht dem Sch nur dann zu, wenn der Gl ein Konto bekannt gibt. Dazu ist der Gl allerdings nicht verpflichtet.

   Beachte folgende gesetzliche Sonderbestimmungen zu § 907a:

   - **§ 6a KSchG** normiert eine Ausnahme für Verbraucher: Der Unternehmer hat dem Verbraucher ein verkehrsübliches Bankkonto bekannt zu geben (Abs 1). Der Verbraucher kann entweder physisch oder per Überweisung erfüllen. Keine Pflicht zur Bekanntgabe einer Kontoverbindung trifft den Gl, wenn Barzahlung verkehrsüblich ist (zB Brotkauf beim Bäcker) oder eine andere Art der Erfüllung vereinbart wurde (zB Einziehung oder Kreditkarte). Bei der Banküberweisung gilt die Geldschuld des Verbrauchers gem Abs 2 als rechtzeitig erfüllt, wenn der Überweisungsauftrag am Tag der Fälligkeit erteilt wurde (vgl demgegenüber § 907a Abs 2 „so rechtzeitig zu erteilen, dass der geschuldete Betrag bei Fälligkeit auf dem Konto des Gläubigers wertgestellt ist"). Bei § 6a KSchG handelt es sich im Gegensatz zu § 907a um zwingendes Recht.

- **§ 15 Abs 3 MRG** sieht vor, dass der Vermieter im Vollanwendungsbereich des MRG ein verkehrsübliches Konto bekannt zu geben hat. Dem Mieter soll eine Erfüllung mittels Banküberweisung offenstehen, auch wenn die Bestimmung des § 6a KSchG nicht greift, dh der Vermieter nicht Unternehmer ist. Zudem normiert Abs 3 einseitig zwingend zugunsten des Mieters, dass der Mietzins erst mit dem Fünften und nicht schon mit dem Ersten eines jeden Kalendermonats fällig ist. Kommt die Bestimmung des § 6a KSchG nicht zur Anwendung, muss der Mietzins am Fünften des Monats beim Vermieter bereits eingelangt sein.
- Gemäß **§ 36 VersVG** bleiben Versicherungsprämien weiterhin qualifizierte Schickschulden. Dh, Erfüllungsort ist der Wohnsitz des Sch. Die Geldschuld gilt als rechtzeitig erfüllt, wenn der Sch am Fälligkeitstag überweist. Abweichungen ergeben sich gem Abs 2 leg cit bei Unternehmern als Versicherungsnehmern.

3. Schickschuld

Unterscheide von der Holschuld und der Bringschuld die Schickschuld; auch sie muss vereinbart werden, weil sonst eine Holschuld vorläge (§ 905 Abs 1 S 1 – oben I.2.): Erfüllungsort ist wie bei der Holschuld der Wohnsitz (Ort der Niederlassung) des Sch. Der Sch ist aber verpflichtet, die Leistung an den Gl abzusenden. Der Sch hat mit der Absendung seine Leistungspflicht erfüllt. Er braucht anders als bei der Bringschuld die Leistung nicht zum Wohnsitz des Gl zu bringen. Die Sache gilt in diesem Fall mit der Aushändigung an die mit der Übersendung betraute Person als übergeben, sofern die Art der Übersendung der getroffenen Vereinbarung, mangels einer solchen der Verkehrsübung entspricht (§ 429). Mit dem Zeitpunkt der Übergabe geht auch die **Gefahr** auf den Gläubiger über (§ 905 Abs 3).

Besonderes gilt hier beim **Verbrauchergeschäft.** § 7b KSchG normiert idZ, dass, wenn der Unternehmer die Ware übersendet, die Gefahr für den Verlust oder die Beschädigung der Ware erst auf den Verbraucher übergeht, sobald die Ware an den Verbraucher oder an einen von diesem bestimmten, vom Beförderer verschiedenen Dritten abgeliefert wird. Wenn aber der Verbraucher selbst den Beförderungsvertrag geschlossen hat, ohne dabei eine vom Unternehmer vorgeschlagene Auswahlmöglichkeit zu nützen, geht die Gefahr bereits mit der Aushändigung der Ware an den Beförderer über. Mangels anderer Vereinbarung erwirbt der Verbraucher zugleich mit dem Gefahrenübergang das Eigentum an der Ware.

Merke:
Wichtigstes Beispiel einer Schickschuld ist der **Versendungskauf** (ORAC Rechtsskriptum „Schuldverträge" 1. Abschnitt A.IV.2.).

D. Leistung Zug um Zug

I. Begriff

Mangels anderer Vereinbarung hat das Synallagma zur Folge, dass die eine Partei ihre Leistung nur Zug um Zug gegen die Leistung der anderen Partei zu erbringen braucht. Die Leistungspflicht der einen Partei hängt also von der Leistungspflicht der anderen Partei ab.

Wiederhole das Synallagma (oben 1. Abschnitt B.I.3.).

Merke:
Das Zug-um-Zug-Prinzip steht nur für den Tausch und Kauf ausdrücklich im Gesetz (§ 1052 S 1, § 1062 lesen!), wird aber auf alle entgeltlichen Verträge analog angewendet. Hintergrund ist die Insolvenzgefahr: Würde eine Partei ihre Leistung erbringen, ohne dass die andere Partei die Gegenleistung erbringt, so trägt die leistende Partei das Risiko, dass die andere Partei zahlungsunfähig wird und die Gegenleistung nicht mehr erbringt.

Vom Zug-um-Zug-Prinzip abweichende Vereinbarung: Vorleistungspflicht einer Partei (unten III.).

Beispiele:
Werkvertrag: mangels gegenteiliger Vereinbarung ist der Werkunternehmer in der Regel vorleistungspflichtig, der Besteller braucht den Werklohn erst nach Vollendung des Werkes zu bezahlen (§ 1170 – oben B.I.2.); Kreditkauf: Vorleistungspflicht des Verkäufers.

II. Die Einrede des nicht (gehörig) erfüllten Vertrages

1. Als Schutz gegen die sonst drohende Insolvenzgefahr steht einer Vertragspartei gegen die Leistungsklage der anderen Partei die Einrede des nicht erfüllten Vertrages zu, die aus § 1052 S 1 abgeleitet wird: Der Beklagte (Sch) wendet ein, der Kläger (Gl) müsse seine eigene Leistung (= Gegenleistung) erbringen oder zumindest anbieten. Erst dann brauche er (= Sch) selbst seine Leistung zu erbringen. Dasselbe gilt, wenn zwar die andere Partei eine Gegenleistung anbietet, diese Leistung aber nicht der Vereinbarung entspricht, also zB mangelhaft ist (Einrede des *nicht gehörig* erfüllten Vertrages).

Beachte:
Als Folge des funktionellen Synallagmas (oben I.) steht die Einrede des § 1052 nur bei Pflichten zu, die im Austauschverhältnis zueinander stehen (Hauptleistungs- und äquivalente Nebenpflichten; nicht bei Schutz- und Sorgfaltspflichten!).

2. Die Einrede des nicht (gehörig) erfüllten Vertrages gibt also dem Leistungspflichtigen ein **Zurückbehaltungsrecht**: Er darf seine eigene Leistung bis zur Erbringung der Gegenleistung zurückhalten.

Merke:
Ebenfalls auf dem Zug-um-Zug-Prinzip beruht das **Zurückbehaltungsrecht nach § 471** (dazu ORAC Rechtsskriptum „Sachenrecht“ BT 1. Abschnitt E.I.2.a)gg)). Gesetzliche Zurückbehaltungsrechte dürfen in **Verbraucherverträgen** nicht ausgeschlossen werden (§ 6 Abs 1 Z 6 und 7 KSchG lesen!). S für beidseitig unternehmensbezogene Geschäfte auch §§ 369 ff UGB.

III. Die Unsicherheitseinrede

Das Zug-um-Zug-Prinzip ist der gesetzliche Normalfall, der dann Platz greift, wenn die Parteien keine abweichende Vereinbarung getroffen haben (oben I.). So können die Parteien vereinbaren, dass ein Teil **vorleistungspflichtig** ist. Er hat seine Leistung nicht Zug um Zug gegen die Leistung des anderen, sondern vor der Gegenleistung zu erbringen.

Dem Vorleistungspflichtigen kann nicht die Einrede des nicht erfüllten Vertrages zustehen. Da ihn aber in noch stärkerem Maß als den Zug-um-Zug-Leistungspflichtigen das Risiko der Insolvenz seines Vertragspartners (= Vorleistungsberechtigter) trifft, wird auch der Vorleistungspflichtige vom Gesetz geschützt. Dem Vorleistungspflichtigen steht die **Unsicherheitseinrede** nach § 1052 S 2 (lesen!) zu: Er kann seine Leistung bis zur Erbringung oder Sicherstellung der Gegenleistung verweigern (Zurückbehaltungsrecht), wenn die Gegenleistung durch **schlechte Vermögensverhältnisse** des Vorleistungsberechtigten (= der Sch der Gegenleistung) gefährdet erscheint, die dem Vorleistungspflichtigen **nicht** schon bei Vertragsabschluss **bekannt sein mussten.**

Die Unsicherheitseinrede besteht also in zwei Fällen:

- Die schlechte Vermögenslage des Vertragspartners bestand schon zum Zeitpunkt des Vertragsabschlusses, dies war dem Vorleistungspflichtigen aber nicht erkennbar (keine Kenntnis und auch nicht fahrlässige Unkenntnis).
- Oder die Vermögenslage verschlechtert sich nach dem Vertragsabschluss bis zur Fälligkeit der Vorleistung.

Anders als bei der Einrede des nicht erfüllten Vertrages besteht nach § 1052 S 2 auch die Möglichkeit, **Sicherstellung** der Gegenleistung zu verlangen.

- Wie die Sicherstellung zu erfolgen hat, ergibt sich aus § 1373 (lesen!).
- Wenn der Vorleistungsberechtigte die Sicherstellung der Gegenleistung verweigert, so steht dem Vorleistungspflichtigen nach hM in Analogie zu § 918 (unten 4. Abschnitt C.I.3.) das Recht zu, nach Setzung einer angemessenen Nachfrist vom Vertrag zurückzutreten.

> Nach einer anderen Ansicht kann der Vorleistungspflichtige ab Fälligkeit der Nachleistungspflicht (= Pflicht zur Gegenleistung) auf Leistung Zug um Zug klagen.

Kontrollpunkte:

✓ Mögliche Leistungsarten
- Tun vs Unterlassen, Leistungshandlung, Leistungserfolg
- teilbare vs unteilbare Leistungen
- Bestimmtheit der Leistung
- Gattungs-, Stück- und beschränkte Gattungsschuld
  - Maßstab, vs Sachenrecht
  - Konzentration
  - Qualität der Gattung
- Wahlschuld
  - Verzug
  - Untergang
  - Abgrenzung: Alternativermächtigung

✓ Geldschuld
- Bargeld – Buchgeld
- Besonderheiten

  - Inflation und Aufwertung
  - Wertsicherung
- ✓ Zinsen
  - Entgelt für Nutzung von Kapital
  - Zinsen als Früchte
  - vertraglich vs gesetzlich
  - Verzugszinsen
- ✓ Leistungszeit
  - Fälligkeit
  - Stundung (eigentliche vs reine)
- ✓ Erfüllungsort und Hol-, Bring-, Schickschuld
- ✓ Zug-um-Zug-Prinzip
  - Einrede des nicht (gehörig) erfüllten Vertrages
  - Unsicherheitseinrede

Vierter Abschnitt: Leistungsstörungen

A. Allgemeines

I. Begriff

Leistungsstörungen sind Mängel in der Erfüllung eines gültig zustande gekommenen SchV. Wir kennen folgende Arten:

- nachträgliche **Unmöglichkeit** (§§ 920, 1048 ff, 1447)
- **Verzug** (§§ 918, 1419; §§ 7c f KSchG)
- mangelhafte Leistung (**Gewährleistung**: §§ 922 ff; §§ 4 ff, 9 ff und 18 ff VGG)
- Positive Vertragsverletzung

Die gesetzlichen Regeln für Leistungsstörungen gelten überwiegend nur für entgeltliche Verträge (§ 917), andere Bestimmungen gelten für alle Verträge (zB § 1447).

Merke:
Neben den im Folgenden bei den einzelnen Leistungsstörungen genannten Rechtsfolgen kann der Gl die nicht der Vereinbarung entsprechende Leistung auch zurückweisen (§ 1413 – unten 5. Abschnitt A.).

II. Unterscheide davon: Wurzelmangel

Unterscheide von den Leistungsstörungen die **Wurzelmängel**: Diese betreffen die Gültigkeit eines Vertrages, sind also Störungen bei den Geltungsvoraussetzungen des Vertrages, während bei den Leistungsstörungen der Vertrag gültig zustande gekommen ist und erst bei seiner Abwicklung eine Störung auftritt.

Wiederhole die Wurzelmängel: ORAC Rechtsskriptum „Allgemeiner Teil". Eine Art Zwitterstellung zwischen Wurzelmangel und Leistungsstörung bildet die Verkürzung über die Hälfte (unten F.).

Merke aber:
Ein Wurzelmangel und eine Leistungsstörung können uU gleichzeitig vorliegen und daher auch konkurrierend geltend gemacht werden. Ein Beispiel wäre der Mangel einer Speziessache, der bereits zum Zeitpunkt des Vertragsabschlusses vorliegt. Dem Erwerber stehen sowohl Ansprüche wegen Eigenschaftsirrtums als auch Gewährleistungsansprüche zu (unten D.I.2.).

Beachte:
Bei der bereicherungsrechtlichen Rückabwicklung ergeben sich zwischen Wurzelmängeln und Leistungsstörungen aber in der Regel wieder Unterschiede. So werden Verträge wegen Wurzelmängeln grundsätzlich schuld- und sachenrechtlich ex tunc aufgelöst. Der Wegfall von Verträgen wegen Leistungsstörungen (Rücktritt, gewährleistungsrechtliche Auflösung des Vertrags) wirkt zwar auch schuldrechtlich ex tunc, sachenrechtlich aber nur ex nunc.

B. Nachträgliche Unmöglichkeit

I. Begriff und Rechtsfolgen

1. Begriff

Nachträgliche Unmöglichkeit (Unmöglichwerden, Leistungsvereitelung) liegt vor, wenn die Leistung auf Dauer nicht mehr erbracht werden kann, zum Zeitpunkt des Vertragsabschlusses aber noch möglich war. Wir können folgende Fälle unterscheiden:

a) Unmöglichkeit ist sowohl die **objektive** Unmöglichkeit als auch das **subjektive** Unvermögen des Sch.

b) **Unerlaubtheit:** Unmöglichkeit ist auch gegeben, wenn die Leistung nach Vertragsabschluss **unerlaubt** wird und deshalb nicht mehr erbracht werden kann.

c) **Unzumutbarkeit/Unerschwinglichkeit:** Unzumutbar ist die Leistung für den Sch dann, wenn höherwertige Interessen gefährdet werden, zB der Sch würde sich mit der Leistung in Lebensgefahr bringen. Unerschwinglich ist die Leistung dann, wenn sie unverhältnismäßige Kosten oder Schwierigkeiten erfordern würde, zB vervielfacht sich der Preis für die Sache, die sich der Sch besorgen muss, um sie an den Gl zu leisten. Ein anderer Fall wäre der nur mit unverhältnismäßigem Aufwand behebbare Gewährleistungsmangel (unten D.III.1.).

d) **Zweckerreichung:** Die Leistung kann nicht mehr erbracht werden, weil der Leistungserfolg bereits auf andere Weise eingetreten ist.

Beispiel:

Das Auto des A „streikt" auf der Autobahn. A ruft eine Reparaturwerkstätte an, man solle ihn abschleppen. Als der Abschleppwagen kommt, stellt sich heraus, dass A das Auto selbst wieder in Gang gebracht hat.

Beachte:

Diese Unmöglichkeit ist vom Gl zu vertreten (unten III).

e) **Doppelveräußerung:** Unabhängig von der Frage, welcher Käufer Eigentum erwirbt (dazu ORAC Rechtsskriptum „Sachenrecht" BT 1. Abschnitt C.II.2.), liegt Unmöglichkeit (Unerschwinglichkeit) vor, wenn der Verkäufer die Sache überhaupt nicht mehr oder zu wirtschaftlich nicht zumutbaren Bedingungen wiederbeschaffen kann.

Beispiel:

A verkauft eine Sache an B. Vor Übergabe verkauft A die Sache noch einmal an C und übergibt sie diesem. Geht die Sache nun bei C unter, so liegt im Verhältnis A–B Unmöglichkeit vor; ebenso, wenn C sich endgültig weigert, die Sache an A zurückzuverkaufen.

2. Abgrenzungen

a) Anfängliche Unmöglichkeit

Unterscheide von der nachträglichen Unmöglichkeit die **anfängliche** Unmöglichkeit (§ 878); sie stellt einen Wurzelmangel dar und führt zur Nichtigkeit des Vertrages. Bei der nachträglichen Unmöglichkeit ist dagegen die Leistung zum Zeitpunkt des Vertragsabschlusses noch möglich, sie wird aber zwischen Vertragsabschluss und Erfüllung unmöglich. Überdies ist § 878 auf das faktisch Absurde und rechtlich Unmögliche teleologisch zu reduzieren.

Siehe dazu ORAC Rechtsskriptum „Allgemeiner Teil“ 4. Abschnitt D.VI.

b) Verzug

Verzug ist die vorübergehende Nichterbringung einer noch möglichen Leistung (unten C).

c) Gewährleistung

Zur Abgrenzung von der mangelhaften Leistung unten D.I.2.

3. Rechtsfolgen

Welche Rechtsfolgen bei nachträglicher Unmöglichkeit greifen, ist nach zwei Kriterien zu beurteilen:

a) Stück- oder Gattungsschuld (unten 4.)

b) Der **Sphäre** welcher Vertragspartei ist die Ursache der Unmöglichkeit zuzurechnen, wer trägt also die Verantwortung für das Unmöglichwerden? Demnach unterscheiden wir:
   - vom Sch zu vertretendes Unmöglichwerden (unten II.);
   - vom Gl zu vertretendes Unmöglichwerden (unten III.);
   - zufälliges, dh keiner der beiden Sphären zuzurechnendes, Unmöglichwerden (unten IV.).

4. Stück- und Gattungsschuld

a) Die folgenden Ausführungen zu den Rechtsfolgen der nachträglichen Unmöglichkeit gelten **nur** für folgende Fälle:
   - Stückschuld
   - *konzentrierte Gattungsschuld* (dazu oben 3. Abschnitt A.IV.)
   - (noch nicht konzentrierte) Gattungsschuld: Untergang der gesamten Gattung
   - beschränkte Gattungsschuld: Erschöpfung des Vorrats

b) Vor der Konzentration kann nämlich bei der **Gattungsschuld** durch den Untergang eines Gattungsstückes nicht Unmöglichkeit eintreten, weil der Sch noch mit anderen Stücken der Gattung erfüllen kann („genus non perit“). Der *Sch* trägt also die **Leistungsgefahr.** Erst wenn die gesamte Gattung untergegangen ist, liegt Unmöglichkeit vor. Dasselbe gilt bei der beschränkten Gattungsschuld, wenn kein Vorrat mehr vorhanden ist.

Dies meint § 1447, wonach nur der zufällige Untergang „einer *bestimmten* Sache“ schuldbefreiend wirkt (unten IV.).

II. Vom Schuldner zu vertretendes Unmöglichwerden

1. Tatbestand

Beispiel 1:
A verkauft dem B ein Auto. Zwischen Vertragsabschluss und Übergabe wird das Auto bei einem von A verschuldeten Verkehrsunfall zerstört.

Beispiel 2:
A verkauft dem B ein Auto. C, ein Angestellter des A, verschuldet bei der Überstellung des Autos zu B einen Verkehrsunfall, bei dem das Auto zerstört wird.

Beispiel 3:
A verkauft dem B ein Auto. Zum vereinbarten Übergabetermin liefert A das Auto nicht, weil er es inzwischen an C verkauft hat (subjektiver Schuldnerverzug). In der folgenden Nacht wird das Auto durch einen Blitzschlag zerstört.

Zu vertreten hat der Sch die nachträgliche Unmöglichkeit in folgenden Fällen (§ 920 lesen!):

a) Der Sch **verschuldet** die Unmöglichkeit (*Beispiel 1*).

b) Der Sch verschuldet nicht selbst die Unmöglichkeit, hat aber die Unmöglichkeit zu **vertreten**. Hier können wir wieder drei Untergruppen unterscheiden:

   aa) Der Sch haftet für ein Verschulden seiner *Erfüllungsgehilfen* (§ 1313a – *Beispiel 2*). Dazu ORAC Rechtsskriptum „Schadenersatz- und Bereicherungsrecht“ 1. Abschnitt B.III.

   bb) Der Sch hat die zufällige Unmöglichkeit zu vertreten, wenn er sich in *subjektivem Verzug* befindet (*Beispiel 3*). Dazu unten C.I.3.

   cc) Der Sch konnte die zufällige spätere Leistungsvereitelung bereits bei Vertragsabschluss *voraussehen*.

2. Rechtsfolgen

„§ 920. **Wird die Erfüllung durch Verschulden des Verpflichteten oder einen von ihm zu vertretenden Zufall vereitelt, so kann der andere Teil entweder Schadenersatz wegen Nichterfüllung fordern oder vom Vertrage zurücktreten.** Bei teilweiser Vereitlung steht ihm der Rücktritt zu, falls die Natur des Geschäftes oder der dem Verpflichteten bekannte Zweck der Leistung entnehmen läßt, daß die teilweise Erfüllung für ihn kein Interesse hat.“

Nach § 920 steht dem **Gl** ein **Wahlrecht** zu:

a) Er kann seine eigene Leistung anbieten und vom Sch **Schadenersatz wegen Nichterfüllung** (Erfüllungsinteresse) verlangen. Man nennt diesen Schadenersatzanspruch **Austauschanspruch**.

b) Die zweite Möglichkeit ist der **Rücktritt** vom Vertrag.

Beachte:
Anders als beim Verzug bedarf der Rücktritt keiner Nachfristsetzung. Diese wäre sinnlos, weil der Sch die Leistung nicht mehr erbringen kann (Unmöglichkeit = dauernde Leistungsvereitelung). Zum Rücktritt und seinen Rechtsfolgen unten C.I.3.

„§ 921. Der Rücktritt vom Vertrage läßt den Anspruch auf Ersatz des durch verschuldete Nichterfüllung verursachten Schadens unberührt. Das bereits empfangene Entgelt ist auf solche Art zurückzustellen oder zu vergüten, daß kein Teil aus dem Schaden des anderen Gewinn zieht."

Der Rücktritt lässt nach § 921 den Schadenersatzanspruch des Gl unberührt. Der Gl kann also neben dem Rücktritt das **Erfüllungsinteresse** fordern. Allerdings braucht der Gl durch den Rücktritt, der zur Vertragsauflösung führt, seine eigene Leistung nicht mehr zu erbringen bzw kann die bereits erbrachte Leistung zurückfordern (unten C.I.3.). Der Gl „erspart" sich damit seine eigene Leistung. Daher muss er sich, wenn er nach § 920 vom Vertrag zurücktritt, den Wert der eigenen Leistung auf den Schadenersatzanspruch anrechnen lassen. Der dem Gl zustehende Schadenersatzanspruch ergibt sich aus der Differenz zwischen dem Wert der unmöglich gewordenen Leistung (= Schadenersatz) und dem Wert der eigenen Leistung des Gl. Man nennt daher diesen Anspruch **Differenzanspruch**.

Beachte:
Soweit die eigene Leistung des Gl, wie etwa bei einem Kaufvertrag (Käufer = Gl der Sachleistung!) in *Geld* besteht, ist das Ergebnis von Austausch- und Differenzanspruch dasselbe, weil auch der Schadenersatz in Geld zu leisten ist (§ 1323!).

In unseren obigen drei Beispielen würde das Folgendes bedeuten: Der Wert des Autos soll 100 sein, der Kaufpreis (= Leistung des Gl B) 90. B kann 90 bezahlen (= Erbringung der eigenen Leistung) und von A 100 verlangen (= Erfüllungsinteresse als Austauschanspruch). Oder B tritt vom Kaufvertrag mit A zurück. Dann muss er sich auf seinen Schadenersatzanspruch (100) den Wert der eigenen Leistung (90) anrechnen lassen (Differenzanspruch). Das Ergebnis ist in beiden Varianten dasselbe: B erhält 10.

Anders dagegen, wenn auch der Gl eine Sachleistung schuldet (zB Tausch). Nehmen wir an, A und B hätten in den obigen Beispielen nicht einen Kaufvertrag vereinbart, sondern wollen ihre Autos tauschen. Das Auto des A hat einen Wert von 100, jenes des B einen Wert von 90. B kann sein eigenes Auto leisten und bekommt als Austauschanspruch 100. Wenn B vom Vertrag zurücktritt, erhält er als Differenzanspruch nur 10 (100 minus 90).

III. Vom Gläubiger zu vertretendes Unmöglichwerden

1. Tatbestände

a) Der Gl befindet sich in **Annahmeverzug** und die Leistung wird *zufällig* unmöglich. Beim Annahmeverzug trägt der Gl die Preisgefahr (unten C.II.2.).

Beispiel:
A verkauft dem B ein Auto. Zum vereinbarten Übergabezeitpunkt verweigert B die Annahme des Autos. In der folgenden Nacht wird das Auto gestohlen.

b) Zweckerreichung: Der Gl führt den Leistungserfolg selbst herbei und macht damit die Leistung durch den Sch unmöglich.

Beispiel:
Das Auto des A „streikt" auf der Autobahn. A ruft eine Reparaturwerkstätte an, man solle ihn abschleppen. Als der Abschleppwagen kommt, stellt sich heraus, dass A das Auto selbst wieder in Gang gebracht hat.

c) Durch einen Zufall in der Sphäre des Gl wird die Leistung unmöglich.

Beispiel:
A kommt bei seinem Friseur vorbei und vereinbart einen Modehaarschnitt am nächsten Tag. Auf dem Nachhauseweg wird A von einem Auto niedergefahren und getötet.

d) Der Gl selbst oder sein Gehilfe, für dessen Verschulden der Gl einzustehen hat (§ 1313a, § 1315), **vereitelt schuldhaft** die Leistung.

Beispiel:
A kauft bei B einen Bauernkasten. Als C, ein Angestellter des A, den Kasten bei B abholen will, zerstört er den Kasten beim Reversieren des Lkws.

2. Rechtsfolgen

Der **Sch** wird **von seiner Leistungspflicht frei**, behält aber den Anspruch auf die Gegenleistung des Gl (= der Gl trägt die Preisgefahr). Dies wird von der hL aus §§ 1155, 1168 abgeleitet (Sphärentheorie). Der Sch muss sich auf den Gegenleistungsanspruch alles anrechnen lassen, was er sich durch die Nichterbringung der eigenen Leistung erspart bzw durch anderweitige Verwendung erworben oder zu erwerben absichtlich versäumt hat.

IV. Zufälliges Unmöglichwerden

1. Leistungsgefahr

Beispiel:
A verkauft dem B ein Auto. Vor der Übergabe wird das Auto von einem unbekannten Dritten gestohlen.

„§ 1447. Der zufällige gänzliche Untergang einer bestimmten Sache hebt alle Verbindlichkeit, selbst die, den Werth derselben zu vergüten, auf. Dieser Grundsatz gilt auch für diejenigen Fälle, in welchen die Erfüllung der Verbindlichkeit, oder die Zahlung einer Schuld durch einen andern Zufall unmöglich wird. In jedem Falle muß aber der Schuldner das, was er um die Verbindlichkeit in Erfüllung zu bringen, erhalten hat, zwar gleich einem redlichen Besitzer, jedoch auf solche Art zurückstellen oder vergüten, daß er aus dem Schaden des Andern keinen Gewinn zieht."

§ 1447 regelt den Fall, dass weder der Sch noch der Gl das Unmöglichwerden zu vertreten haben. Es stellt sich die Frage der **Leistungsgefahr**: Muss der Sch trotz zufälliger Unmöglichkeit der Leistung einen zweiten Leistungsversuch unternehmen?

- Für die (noch nicht konzentrierte) *Gattungsschuld* ist dies zu bejahen, der Sch trägt die Leistungsgefahr und muss noch einmal leisten (oben I.4.).
- Für die *Stückschuld* und die bereits konzentrierte Gattungsschuld bewirkt die zufällige Unmöglichkeit nach § 1447 das **Erlöschen der Leistungspflicht**. Mit dem zufälligen Untergang ist also der Sch von der Leistungspflicht befreit. Der Gl kann die Leistung nicht mehr fordern, trägt also die Leistungsgefahr. Als Folge des Synallagmas braucht aber auch der Gl seine eigene Leistung nicht mehr zu erbringen. Bereits erbrachte Leistungen sind zurückzuerstatten (§ 1447 letzter S: Bereicherungsanspruch!).

Beachte:

Anders als nach § 920 bedarf es zur Auflösung des Vertrags keines Rücktritts. Vgl auch §§ 880 und 1048.

2. Unterscheide davon: Preisgefahr

Unterscheide von der Leistungsgefahr die **Preisgefahr**: Bei der Leistungsgefahr ist zu fragen, ob der Sch die unmöglich gewordene Leistung noch einmal erbringen muss. Als Preisgefahr bezeichnet man dagegen das **Risiko**, für die unmöglich gewordene eigene Leistung **keine Gegenleistung** zu erhalten (= wirtschaftliches Risiko des Unmöglichwerdens). Die Preisgefahr bei zufälliger Unmöglichkeit trifft als Ausfluss des Synallagmas denjenigen, dessen Leistung unmöglich geworden ist (= Sch), weil auch der andere (= Gl) seine Leistung nicht zu erbringen braucht.

Merke:

Für Kauf und Tausch bestehen besondere Regelungen über die Gefahrtragung (§§ 1048 ff, 1064): Entscheidend für den Übergang der Preisgefahr ist die Übergabe (dazu ORAC Rechtsskriptum „Schuldverträge" 1. Abschnitt A.IV.). Befindet sich der Gl in Annahmeverzug, so trägt er die Preisgefahr (unten C.II.2.). Ist umgekehrt der Sch in Verzug, so bleibt die Preisgefahr bei ihm (unten C.I.3.).

V. Das stellvertretende commodum

1. Begriff

Wenn der Sch die Unmöglichkeit zu vertreten hat oder bei nachträglicher zufälliger Unmöglichkeit, kann der Fall eintreten, dass der Sch anstelle der unmöglich gewordenen Leistung einen anderen Vermögensgegenstand (von einem Dritten) erhalten hat. Man nennt diesen „Ersatz" im Vermögen des Sch stellvertretendes commodum.

Beispiele:

Versicherungssumme, Schadenersatzanspruch gegen den dritten Schädiger (zB den Gehilfen des Sch!), Enteignungsentschädigung, Verkaufserlös bei der Doppelveräußerung.

2. Rechtsfolge

Der Sch muss dieses commodum an den Gl herausgeben, wenn dieser es verlangt. Der Gl seinerseits muss die Gegenleistung erbringen (der Vertrag bleibt aufrecht!). Diese Regel wird von einem Teil der Lehre zum Teil aus § 1447, von anderen aus einem natürlichen Rechtsgrundsatz nach § 7 abgeleitet.

VI. Teilunmöglichkeit

1. Vom Schuldner zu vertretende Teilunmöglichkeit

„§ 920. Wird die Erfüllung durch Verschulden des Verpflichteten oder einen von ihm zu vertretenden Zufall vereitelt, so kann der andere Teil entweder Schadenersatz wegen Nichterfüllung fordern oder vom Vertrage zurücktreten. **Bei teilweiser Vereitlung steht ihm der Rücktritt zu, falls die Natur des Geschäftes oder der dem Verpflichteten bekannte Zweck der Leistung entnehmen läßt, daß die teilweise Erfüllung für ihn kein Interesse hat.**“

Hat der Sch die Teilunmöglichkeit zu vertreten, so stellt sich die Frage, ob der Gl nach § 920 nur hinsichtlich des unmöglich gewordenen Teils (**Teilrücktritt**) oder vom gesamten Vertrag zurücktreten kann (**Gesamtrücktritt**). Nach § 920 S 2 kann der Gl vom ganzen Vertrag zurücktreten, wenn sich aus der Natur des Geschäftes oder aus dem dem Sch bekannten Zweck der Leistung ergibt, dass der Gl an der noch möglichen Teilleistung kein **Interesse** hat. Ergibt sich dagegen durch *Vertragsauslegung*, dass der Gl auch an der Teilleistung ein Interesse hat, so besteht für ihn nur das Recht zum Teilrücktritt. Für den Schadenersatzanspruch wegen Nichterfüllung gilt Entsprechendes: Beim Gesamtrücktritt hat der Gl denselben Differenzanspruch wie bei Unmöglichkeit der gesamten Leistung (oben II.2.). Beim Teilrücktritt besteht der Schadenersatzanspruch nur hinsichtlich des unmöglich gewordenen Teiles.

2. Vom Gläubiger zu vertretende Teilunmöglichkeit

Hier ist entsprechend den Grundsätzen oben III. vorzugehen: Der Sch behält seinen Gegenleistungsanspruch. Ob der Sch von seiner Leistungspflicht ganz oder nur teilweise befreit wird, hängt wie unter 1. vom Interesse des Gl an der noch möglichen Teilleistung ab.

3. Zufällige Teilunmöglichkeit

Bei zufälliger Teilunmöglichkeit entscheidet wie unter 1. das Interesse des Gl: Hat der Gl an der noch möglichen Teilleistung kein Interesse, so ist nach § 1447 der gesamte Vertrag aufgelöst. Im umgekehrten Fall (Interesse an der Teilleistung) erlischt die Leistungsverbindlichkeit des Sch nur hinsichtlich des unmöglich gewordenen Teiles.

VII. Beschränkte Gattungsschuld und mehrere Gläubiger

Beispiel:

Der Bauer A hat bisher jedes Jahr 6.000 kg Äpfel geerntet. Vor der heurigen Ernte verkauft er 3.000 kg an B, 2.000 kg an C und 1.000 kg an D. Aufgrund einer Dürrekatastrophe kann A nur 1.000 kg ernten.

Es liegt eine beschränkte Gattungsschuld vor. A soll aus seinem Vorrat (= Ernte) an die Gl leisten. Die beschränkte Gattungsschuld wird bei der Unmöglichkeit wie eine Stückschuld behandelt, wenn der gesamte Vorrat untergeht. In unserem Beispiel ist aber der Vorrat nur teilweise untergegangen, es liegt also (zufällige) **Teilunmöglichkeit** vor. A ist damit zum Teil, nämlich hinsichtlich der unmöglich gewordenen 5.000 kg, von seiner Leistungspflicht frei.

Die Besonderheit des Falles liegt darin, dass A die Leistung aus dem Vorrat nicht einem, sondern mehreren Gläubigern versprochen hat. Es fehlt eine gesetzliche Regelung darüber, welchem Gl gegenüber

A die noch mögliche Leistung (1.000 kg) zu erbringen hat. Würde A die 1.000 kg zB an D leisten und damit seine Leistungspflicht diesem gegenüber erfüllen, so würde er gleichzeitig seine Leistungspflicht gegenüber B und C verletzen und machte sich schadenersatzpflichtig. Die Forderungsrechte der Gl B, C und D stehen also zueinander in Widerspruch (**Kollision von Forderungsrechten**). Lösung nach hM: A kann sich jedem Gl gegenüber auf die zufällige Teilunmöglichkeit berufen. Alle Gl werden **quotenmäßig** (nach der ursprünglichen Vereinbarung) nach dem Vorbild des **Insolvenzrechts** befriedigt. In unserem Beispiel stünde dem B eine Quote von 1/2 (500 kg), dem C 1/3 (333,3 kg) und dem D 1/6 (166,6 kg) zu. Die Gläubiger B, C und D könnten sich natürlich auch auf die Teilunmöglichkeit berufen und vom Vertrag zurücktreten (Teil- oder Gesamtrücktritt – oben VI.3.).

Kontrollpunkte:

✓ nachträgliche Unmöglichkeit allgemein
- Stück- vs Gattungsschuld
- zufällige vs zu vertretende nachträgliche Unmöglichkeit

✓ vom Sch zu vertretende nachträgliche Unmöglichkeit
- mögliche Fälle
- Rechtsfolgen: Wahlrecht, Austauschanspruch, Rücktritt, Differenzanspruch

✓ vom Gl zu vertretende nachträgliche Unmöglichkeit

✓ zufälliges Unmöglichwerden
- Leistungsgefahr
- Preisgefahr

✓ stellvertretendes commodum

✓ Teilunmöglichkeit
- Interesse an Teilleistung
- vom Sch vs vom Gl zu vertretende vs zufällige Teilunmöglichkeit

✓ beschränkte Gattungsschuld bei mehreren Gläubigern

C. Verzug

I. Schuldnerverzug

„§ 918. (1) Wenn ein entgeltlicher Vertrag von einem Teil entweder nicht zur gehörigen Zeit, am gehörigen Ort oder auf die bedungene Weise erfüllt wird, kann der andere entweder Erfüllung und Schadenersatz wegen der Verspätung begehren oder unter Festsetzung einer angemessenen Frist zur Nachholung den Rücktritt vom Vertrag erklären."

1. Begriff

Schuldnerverzug (Leistungsverzug) liegt nach § 918 vor, wenn der Sch

- **nicht zur gehörigen Zeit** oder
- **nicht am gehörigen Ort** oder
- **nicht auf die bedungene Weise**

leistet.

Beachte:
Im Unterschied zur Unmöglichkeit ist die Leistung noch möglich, Verzug ist also vorübergehend. Weil der Verzugstatbestand auch durch eine Leistung erfüllt ist, die nicht der Vereinbarung entspricht („bedungene Weise“), stellt sich das Konkurrenzproblem zwischen Nichterfüllung (Verzug) und Gewährleistung (unten D.I.2.).

2. Rechtsfolgen

Hinsichtlich der Rechtsfolgen müssen wir zwischen **objektivem** und **subjektivem** Verzug unterscheiden: Objektiver Verzug liegt vor, wenn der Sch (bzw seine Gehilfen) den Verzug nicht *verschuldet* hat, subjektiver Verzug ist der vom Sch (oder seinen Gehilfen) verschuldete Verzug. Die meisten Rechtsfolgen, insbesondere das Rücktrittsrecht, knüpft das Gesetz bereits an den objektiven Verzug (unten 3.), lediglich der Schadenersatzanspruch nach § 921 setzt Verschulden, also subjektiven Verzug voraus (unten 4.).

3. Rechtsfolgen des objektiven Verzugs

a) Überblick

aa) **Wahlrecht** des Gl

- **Vertragserfüllung**: Der Gl kann weiterhin die Erfüllung des Vertrages verlangen (§ 918 Abs 1 1. Alt), dh auf Erfüllung klagen.
- **Rücktritt**: Der Gl kann unter Setzung einer angemessenen Nachfrist vom Vertrag zurücktreten (§ 918 Abs 1 2. Alt).

bb) Den **Sch** trifft die **Preisgefahr**.

Obwohl der vereinbarte Übergabezeitpunkt bereits eingetreten ist und damit eigentlich die Gefahr auf den Gl übergehen würde (oben B. IV.), bleibt im Fall des Verzugs die Preisgefahr beim Sch. Geht die Sache nach Eintritt des Verzugs zufällig unter, so verliert der Sch seinen Anspruch auf die Gegenleistung des Gl.

Beachte:
Befindet sich der Sch in subjektivem Verzug, so hat er die zufällige (nachträgliche) Unmöglichkeit zu vertreten, er wird also schadenersatzpflichtig (oben B.II.1.a)bb)).

cc) Bei *Geldschulden* hat der Sch **Verzugszinsen** zu leisten (§§ 1333 f – oben 3. Abschnitt A.VII.4.).

dd) Der Gl darf die nicht der Vereinbarung entsprechende Leistung zurückweisen (§ 1413).

ee) Daneben können im *Vertrag* andere Rechtsfolgen des Verzugs vorgesehen werden. Ein Beispiel wäre der Terminsverlust (oben 2. Abschnitt D.II.3.). Beachte für Verbrauchergeschäfte § 6 Abs 1 Z 15 KSchG.

ff) In bestimmten Fällen kann bei einem Verbrauchergeschäft der Verzug des Unternehmers auch zu verwaltungsstrafrechtlichen Sanktionen führen (§ 7a iVm § 32 Abs 1 Z 1 lit b KSchG „Geldstrafe bis 1 450 Euro“).

gg) Beachte generell für den Verzug des Unternehmers im Verbrauchergeschäft nun die neuen §§ 7c f KSchG (dazu unten c).

b) Der Rücktritt nach ABGB

Beachte:
Die folgenden Ausführungen gelten, mit Ausnahme freilich jener zur Nachfristsetzung, auch für den Rücktritt des Gl wegen einer vom Sch zu vertretenden nachträglichen Unmöglichkeit (oben B.II.2.).

aa) Erklärung des Rücktritts

Der Rücktritt muss **erklärt** werden, es handelt sich um eine einseitige, empfangsbedürftige Willenserklärung. Anders als etwa bei der Anfechtung eines Vertrages wegen Willensmängel (ORAC Rechtsskriptum „Allgemeiner Teil" 4. Abschnitt D.) muss der Rücktritt nicht gerichtlich geltend gemacht werden, es reicht eine **außergerichtliche** Rücktrittserklärung.

Das Wort „Rücktritt" braucht nicht verwendet zu werden, es muss nur der Wille des erklärenden Gl klar zum Ausdruck kommen, dass er die Leistung des Sch nicht mehr will. Beispiel: „Sollten Sie nicht bis zum 15. April liefern, so habe ich an der Lieferung kein Interesse mehr."

bb) Nachfrist

Der Rücktritt ist nur wirksam, wenn der Gl dem Sch eine **angemessene Nachfrist** zur Erbringung der Leistung setzt (§ 918 Abs 1). Dem Sch soll also noch eine Chance zur Erfüllung gegeben werden.

aaa) Zwar verlangt § 918 Abs 1 die „Festsetzung" einer Nachfrist, die Rsp lässt es aber auch ausreichen, wenn der Gl durch bloßes Zuwarten die Nachfrist **tatsächlich gewährt**.

Nach älteren Entscheidungen reichte das Zuwarten zwischen Eintritt des Verzugs und der Rücktrittserklärung. Nach der jüngeren Rsp kann die Nachfrist begrifflich nur ein erst von der Rücktrittserklärung an laufender Zeitraum sein. Allerdings genügt auch ein Zuwarten nach der Rücktrittserklärung. Dies ist jedoch in Fällen bedenklich, in denen der Sch nicht erkennen kann, dass ihm noch die Erbringung der Leistung möglich bzw der Gl zur Annahme bereit wäre. Die Rsp fordert daher in solchen Fällen noch eine Verdeutlichung der Annahmebereitschaft des Gl (OGH 9 Ob 35/07y; 1 Ob 2172/96k mwN).

bbb) Rücktrittserklärung und Nachfristsetzung müssen *in einem* erfolgen (§ 918: „unter" Setzung einer Nachfrist). Daher ist es nicht ausreichend, wenn der Gl auf Erfüllung besteht, sich aber den Rücktritt vorbehält.

ccc) Die Nachfrist muss **angemessen** sein. Der Sch muss die Möglichkeit haben, seine Leistung innerhalb der Nachfrist zu erbringen.

- Zur Beurteilung der Angemessenheit ist auf Art und Umfang der Leistung sowie darauf abzustellen, wie dringend der Gl die Leistung braucht.
- Zur Erbringung notwendige *Vorbereitungen* sind zu berücksichtigen, nach der Rsp hat der Sch aber nicht Anspruch auf eine so lange Nachfrist, die es ihm erlaubt, mit den Vorbereitungen erst zu beginnen. Die Nachfrist ist daher ausreichend, wenn sie dem Sch die Beendigung bereits begonnener Vorbereitungen erlaubt.
- Ist die Nachfrist *zu kurz* bemessen, so ist der Rücktritt unwirksam, wenn der Sch die Leistung in angemessener Frist erbringt.
- Die Angemessenheit einer vereinbarten Nachfrist ist jedoch nicht zu prüfen, wenn der Schuldner selbst einer zu kurz bemessenen Frist zugestimmt oder die Vertragserfüllung innerhalb der ihm vom Gl gesetzten Frist zugesagt hat (vgl OGH 9 Ob 32/14t).

ddd) *Keine* Nachfristsetzung ist erforderlich:

- Verzug beim Fixgeschäft (unten 6.);
- wenn der Sch von vornherein die Leistung verweigert;
- nachträgliche Unmöglichkeit; hier wäre die Nachfrist sinnlos, weil der Sch auch in dieser Nachfrist die Leistung nicht erbringen könnte (oben B.II.2.);
- wenn schon das bisherige Scheitern der Fertigstellung auf einen vom Sch zu verantwortenden Fehler zurückzuführen war und man daher von der offensichtlichen Unfähigkeit des Sch ausgehen kann.

cc) **Folgen des Rücktritts**

- Auflösung des Vertrags.
- bereicherungsrechtliche **Rückabwicklung** der bereits erbrachten Leistungen. Es ist jener Zustand wiederherzustellen, der vor Abschluss des Vertrages bestanden hat.

Wiederhole:
§ 921 S 2 ist ein Unterfall der condictio causa finita (§ 1435). Im Einzelnen s dazu ORAC Rechtsskriptum „Schadenersatz- und Bereicherungsrecht" 2. Abschnitt B.II.2.

Merke:
Der Rücktritt wirkt nur *schuldrechtlich* auf den Zeitpunkt des Vertragsabschlusses zurück (*ex tunc*). Dagegen besteht *sachenrechtlich* – anders als etwa bei der Irrtumsanfechtung – nur eine *ex-nunc*-Wirkung, der Titel für den Eigentumserwerb wird also nicht rückwirkend beseitigt.

Beispiel:
A hat dem B ein Auto verkauft und übergeben. Als B mit der Bezahlung des Kaufpreises in Verzug gerät, tritt A vom Kaufvertrag zurück. Durch die bereicherungsrechtliche Rückabwicklung ist der Zustand vor Abschluss des Vertrages herzustellen (schuldrechtliche ex-tunc-Wirkung). A hat gegen B nicht nur eine Leistungskondiktion auf Herausgabe des Autos (condictio causa finita). B muss auch für die inzwischen erfolgte Benützung des Autos ein Entgelt an A zahlen. Dieses Benützungsentgelt, aber auch etwa Zinsen wären typische Folgen einer schuldrechtlichen ex-tunc-Wirkung. Sachenrechtlich ist B dagegen – sollte kein Eigentumsvorbehalt vereinbart sein – Eigentümer des Autos geworden. Der Titel Kaufvertrag wird durch den Rücktritt nicht beseitigt (sachenrechtliche ex-nunc-Wirkung). A kann daher nicht mit der Eigentumsklage die Herausgabe des Autos von B verlangen.

c) Der (neue) Rücktritt im Verbrauchergeschäft – im Vergleich zum ABGB

Schon bisher war fraglich, ob die Konzeption des § 918 Abs 1 ABGB, wonach va die Rücktrittserklärung mit der Nachfristsetzung verbunden werden muss (nach manchen Meinungen zumindest: kann), mit den europäischen Richtlinien-Vorgaben vereinbar ist.

Durch das GRUG (Gewährleistungsrichtlinien-Umsetzungsgesetz nach Stand der Regierungsvorlage 949 BlgNR XXVII. GP; ErlB im Folgenden kurz zitiert als: „EBRV") hat sich der österreichische Gesetzgeber nun entschieden, die europarechtlichen Vorgaben mit einer neuen verbraucherrechtlichen Verzugsregelung umzusetzen: § 7c KSchG regelt den Verzug des Unternehmers generell in Verbrauchergeschäften; § 7d KSchG trifft Sonderregeln, wenn der Unternehmer bei der Bereitstellung digitaler

Leistungen in Verzug gerät. Diese Regeln verdrängen in ihrem Anwendungsbereich die §§ 918 und 919.

aa) Bei der **(allgemeinen) Verzugsregelung nach § 7c Abs 1 KSchG** besteht der wesentliche Unterschied zum ABGB darin, dass der Verbraucher seine Rücktrittserklärung *nicht (mehr)* mit der Nachfristsetzung verbinden kann. Für seinen Rücktritt ist es vielmehr notwendig, dass er

- zunächst den Unternehmer **zur Leistung** innerhalb einer den Umständen angemessenen Nachfrist **auffordert** (1. Erklärung; bloßes Gewähren reicht aber vermutlich auch hier, EBRV 46) und
- sodann bei Erfolglosigkeit dieser Aufforderung den **Rücktritt erklärt** (2. Erklärung).

Beachte:
Vom Verbraucher werden nunmehr also zwei aufeinanderfolgende Erklärungen bzw (bei bloßem Gewähren der Nachfrist) Schritte verlangt. Er gewinnt dadurch die Möglichkeit, sich (erst) nach Ablauf der Nachfrist zu entscheiden, ob er vom Vertrag zurücktreten möchte.

Für die angemessene Nachfrist kann auf die Erwägungen zu § 918 Abs 1 zurückgegriffen werden (EBRV 46). Keine Nachfristsetzung ist – wie im ABGB – zudem dann erforderlich, wenn der Unternehmer explizit erklärt hat oder aus den Umständen eindeutig zu erkennen ist, dass er nicht erfüllen wird (§ 7c Abs 2 S 3 KSchG; zum Fixgeschäft zudem noch unten 6.).

In § 7c Abs 3 KSchG ist für das Verbrauchergeschäft nun auch eigens geregelt, dass der Unternehmer nach einem Rücktritt des Verbrauchers die aufgrund des Vertrags geleisteten Zahlungen unverzüglich rückzuerstatten hat.

bb) Der Verzug des Unternehmers bei der Bereitstellung **digitaler Leistungen** nach § 7d KSchG entspricht zwar weitgehend der allgemeinen Regelung des § 7c KSchG, im Detail bestehen aber dennoch Unterschiede:

- Der Verbraucher muss dem Unternehmer **keine angemessene Nachfrist** setzen, sondern kann ihn zur sofortigen Leistung auffordern. Dahinter steht der Gedanke, dass digitale Leistungen schneller bereitgestellt werden können („auf Knopfdruck"). Allerdings kann der Verbraucher auch hier trotzdem nicht – wie etwa beim Fixgeschäft (unten 6.b)) – gleich den Rücktritt erklären, sondern muss eine gewisse, wenngleich erheblich kürzere Zeit abwarten. Der Unternehmer muss seine Leistung nämlich zwar unverzüglich bzw ohne unnötigen Aufschub iSd §§ 904, 1334 erbringen; das muss ihm aber auch möglich sein (zum Ganzen EBRV 47). Möglich ist zudem, dass die Parteien eine Nachfrist ausdrücklich vereinbaren (§ 7d Abs 1 S 2 1. HS 2. Alt KSchG; dazu auch EBRV 47). Der sofortige Rücktritt nach § 7c Abs 2 KSchG ist ebenso möglich (§ 7d Abs 1 S 3 KSchG).
- Die Rückabwicklung richtet sich nach den §§ 24–26 VGG (§ 7d Abs 2 KSchG).
- Anders als es sonst nach § 2 Abs 2 KSchG (lesen!) möglich wäre, können nach § 7d Abs 3 KSchG auch Vereinbarungen wirksam getroffen werden, die zum Nachteil des Verbrauchers von den Regelungen der vorstehenden Absätze abweichen. Voraussetzung dafür ist allerdings, dass der Verbraucher den Unternehmer bereits vom Unterbleiben der Bereitstellung verständigt hat.

Beachte:
Diese Möglichkeit zu abweichenden Vereinbarungen zum Nachteil des Verbrauchers besteht also – zumindest auf Basis der Richtlinien-Vorgaben – nur für den Verzug des Unternehmers bei der Bereitstellung *digitaler Leistungen* (vgl EBRV 47 f).

4. Rechtsfolgen des subjektiven Verzugs

Hat der Sch den Verzug verschuldet, so steht dem Gl zusätzlich zu den ohnehin schon beim objektiven Verzug gegebenen Rechtsfolgen (oben 2.) ein **Schadenersatzanspruch** zu. Welcher Schadenersatz geltend gemacht werden kann, hängt davon ab, welche Wahl der Gl nach § 918 Abs 1 getroffen hat (oben 3.a):

a) Verlangt der Gl weiterhin die **Erfüllung** (§ 918 Abs 1 1. Alt), so steht ihm der **Verspätungsschaden** zu: Der Sch hat ihm alle Nachteile zu ersetzen, die ihm durch die Verzögerung der Leistung entstanden sind.

> **Merke:**
> Dagegen ist der Anspruch auf Verzugszinsen nicht vom Verschulden abhängig, er steht also bereits bei objektivem Verzug zu (oben 3.a).

b) **Tritt** der Gl vom Vertrag **zurück** (§ 918 Abs 1 2. Alt), so kann er vom Sch **Schadenersatz wegen Nichterfüllung** verlangen (§ 921). Das Erfüllungsinteresse besteht wie bei der vom Sch zu vertretenden Unmöglichkeit im **Differenzanspruch** (oben B.II.2.).

objektiver V	**subjektiver V**
Erfüllungsanspruch	zusätzlich: Verspätungsschaden
Rücktritt	zusätzlich: Erfüllungsinteresse (Differenzanspruch)

5. Teilverzug

a) Rechtsfolgen im Allgemeinen

Ist der Sch nur mit einem Teil der Leistung in Verzug, so hat der Gl grundsätzlich dieselben Rechte wie beim Gesamtverzug (oben 3. und 4.). Er kann weiterhin vollständige Erfüllung des Vertrages (= Erbringung der noch ausständigen Teilleistung) verlangen und – bei subjektivem Verzug – den Verspätungsschaden verlangen. Will der Gl dagegen vom Vertrag zurücktreten, so fragt sich, ob er vom gesamten Vertrag (**Gesamtrücktritt**) oder nur hinsichtlich des noch nicht geleisteten Teiles zurücktreten kann (**Teilrücktritt**). Die Lösung dieser Frage hängt wie bei der Teilunmöglichkeit von der **Teilbarkeit der Leistung** ab, die sich nach dem *Interesse* des Gl beurteilt (oben B.VI.).

b) Der Teilverzug in § 918 Abs 2

„§ 918 (1) ...

(2) Ist die Erfüllung für beide Seiten teilbar, so kann wegen Verzögerung einer Teilleistung der Rücktritt nur hinsichtlich der einzelnen oder auch aller noch ausstehenden Teilleistungen erklärt werden.“

Eine Sonderregelung trifft § 918 Abs 2 für Verträge, die von **beiden** Parteien in **Teilleistungen** zu erfüllen sind (*Beispiele: Sukzessivlieferungsverträge und Bezugsverträge*): Wegen Verzugs einer Partei mit *einer* Teilleistung kann die andere Partei entweder hinsichtlich dieser einen Teilleistung *oder* hinsichtlich *aller* (!) noch ausstehenden Teilleistungen zurücktreten. Die Besonderheit liegt also darin, dass ein Rücktrittsrecht auch in Bezug auf Teilleistungen besteht, mit denen der Sch noch gar nicht in Verzug ist. Dahinter steht der Gedanke, dass dem Gl die vertragliche Bindung an einen bereits vertragsbrüchig gewordenen Sch nicht mehr zumutbar ist.

c) Verzug mit Nebenleistungspflichten

Bisher wurde immer davon ausgegangen, dass der Sch mit seiner Hauptleistung in Verzug gerät. Es kann aber auch sein, dass der Sch zwar die Hauptleistung erbringt, aber mit einer Nebenleistung in Verzug gerät. Fragt man nach den Rechtsfolgen dieses Verzugs, so ist zwischen äquivalenten (selbstständigen) und nicht äquivalenten (nicht selbstständigen) Nebenpflichten zu unterscheiden (dazu oben 1. Abschnitt B.I.).

Der Verzug mit **äquivalenten Nebenpflichten** (zB Montagepflicht beim Kauf einer Maschine) ist ein **Teilverzug**, der Gl kann entweder vom gesamten Vertrag zurücktreten oder ihm steht nur das Recht zum Teilrücktritt zu (oben a).

Unselbstständige Nebenpflichten stehen dagegen nicht im Austauschverhältnis (**nicht äquivalente Nebenpflichten**), es kann daher kein Rücktrittsrecht des Gl nach § 918 Abs 1 geben. Unabhängig von allfälligen Schadenersatzansprüchen (Schutzpflichten!) wird aber ein Rücktrittsrecht bei schwerer Vertrauenserschütterung oder überhaupt Beseitigung des Interesses an der Erfüllung des Vertrages diskutiert.

6. Verzug beim Fixgeschäft

„§ 919. Ist die Erfüllung zu einer festbestimmten Zeit oder binnen einer festbestimmten Frist bei sonstigem Rücktritt bedungen, so muß der Rücktrittsberechtigte, wenn er auf der Erfüllung bestehen will, das nach Ablauf der Zeit dem andern ohne Verzug anzeigen; unterläßt er dies, so kann er später nicht mehr auf der Erfüllung bestehen. Dasselbe gilt, wenn die Natur des Geschäftes oder der dem Verpflichteten bekannte Zweck der Leistung entnehmen läßt, daß die verspätete Leistung oder, im Falle der Verspätung einer Teilleistung, die noch übrigen Leistungen für den Empfänger kein Interesse haben."

a) Das Fixgeschäft

§ 919 trifft eine Sonderregelung für den Verzug beim Fixgeschäft. Beim Fixgeschäft wird die **Leistung zu einem bestimmten Zeitpunkt** vereinbart mit dem **Zusatz**, dass der Gl eine *verspätete* Leistung *nicht* mehr *annehmen* wird und bereits zum Zeitpunkt des Vertragsabschlusses für den Fall der Verspätung den Rücktritt erklärt. Die Vereinbarung, dass der Gl eine verspätete Leistung nicht mehr annehmen wird, braucht nicht ausdrücklich zu erfolgen. Es kann sich auch aus der Natur des Geschäftes oder dem Sch bekannten Zweck der Leistung ergeben, dass der **Gl an einer verspäteten Leistung kein Interesse** hat (§ 919 S 2).

Beispiele:
Lieferung des Weihnachtsbaumes am 24. Dezember; Lieferung von Blumen für eine Hochzeit; Filmen einer Promotion usw.

Unterscheide vom Fixgeschäft das **Termingeschäft** oder „einfache" Zeitgeschäft, für das § 918 gilt: Hier wird ein bestimmter Zeitpunkt für die Leistung vereinbart, ohne dass sich aus der Vereinbarung ergibt, dass der Gl an einer verspäteten Leistung kein Interesse hat. Jedes Geschäft mit einer Fälligkeitsvereinbarung ist also ein Termingeschäft (zur Fälligkeit oben 3. Abschnitt B.I.).

b) Rechtsfolgen des Verzugs nach ABGB

aa) Vertragsauflösung

Kommt der Sch beim Fixgeschäft in Verzug, so „zerfällt" das Geschäft. Der Gl muss den Rücktritt nicht erklären und natürlich auch keine Nachfrist setzen.

Der Gl hat sich den Rücktritt ja bereits in der Vereinbarung des Fixgeschäftes vorbehalten! Die Formulierung des § 919 S 1 „bei sonstigem Rücktritt" ist also missverständlich. Vgl aber auch unten c) zum KSchG.

Sonst sind die Rechtsfolgen des Verzugs beim Fixgeschäft dieselben wie nach § 918 (oben 3. und 4.).

bb) Erfüllungsanspruch?

Nach § 919 S 1 hat der Gl auch beim Fixgeschäft (wie nach § 918) die Möglichkeit, weiterhin auf Erfüllung zu bestehen. Denkbar ist dies nur beim „**relativen**" Fixgeschäft, dh, wenn die Leistung des Sch noch möglich ist. Will der Gl beim relativen Fixgeschäft weiterhin die Erfüllung, so muss er dies dem Sch unverzüglich mitteilen, sonst kann er die Erfüllung nicht mehr verlangen (§ 919 S 1).

Die Lieferung der Blumen im Beispiel oben ist auch nach der Hochzeit noch möglich.

Dagegen ist beim „**absoluten**" Fixgeschäft die Nachholung der Leistung nicht mehr möglich, mit dem Verzug des Sch ist also Unmöglichkeit eingetreten.

So etwa im obigen Beispiel: Filmen einer Promotion.

c) Rechtsfolgen des Verzugs nach KSchG

Der neue § 7c Abs 2 KSchG regelt Fälle, in denen der Verbraucher sofort zum Rücktritt berechtigt ist. Der erste Fall greift das bereits aus § 919 bekannte Fixgeschäft auf. Dieses wird dort zwar gesondert definiert, stimmt aber jedenfalls im Ergebnis mit dem Verständnis des ABGB überein (EBRV 46).

Ein wichtiger Unterschied besteht jedoch darin, dass bei § 919 der Vertrag durch den Verzug ohne weiteres Zutun des Gläubigers wegfällt (oben b)aa)). Im Verbrauchergeschäft gilt das nun aber so nicht (mehr). Der Verzug führt hier nur dazu, dass der Verbraucher eben sofort vom Vertrag zurücktreten kann. Damit er den Vertrag tatsächlich auflösen kann, bedarf es somit noch seiner **Rücktrittserklärung**. Im Ergebnis fällt also gegenüber sonst beim Verzug nur die Notwendigkeit zur vorherigen Leistungsaufforderung mit Nachfristsetzung weg (EBRV 46).

II. Gläubigerverzug

1. Begriff

Gläubigerverzug liegt vor, wenn der Gl **die vom Sch** ordnungsgemäß, dh bei Fälligkeit, am Erfüllungsort und auf die bedungene Weise (also etwa ohne Mängel), **angebotene Leistung nicht annimmt**. Man spricht daher auch von **Annahmeverzug**.

Unterscheide vom Gläubigerverzug die vom Gl zu vertretende *Unmöglichkeit* (oben B.III.): Die Unterscheidung ist danach zu treffen, ob die Leistung noch möglich ist. Ist dies der Fall, kann die Leistung also nur vorübergehend aufgrund der Nichtannahme durch den Gl nicht erbracht werden, so liegt Gläubigerverzug vor. Ist die Leistung dagegen durch das Verhalten des Gl unmöglich geworden, so liegt Unmöglichkeit vor, die vom Gl zu vertreten ist.

Damit Annahmeverzug eintritt, ist grundsätzlich ein **reales** Angebot der Leistung durch den Sch erforderlich. Bloß wörtliches Anbieten (**Verbalangebot**) reicht nur ausnahmsweise in folgenden Fällen aus:

- Der Gl weigert sich von *vornherein*, die Leistung anzunehmen; oder
- zur Erbringung der Leistung ist die *Mitwirkung* des Gl erforderlich.

Beispiele:
Modellsitzen beim Porträtmalen (Werkvertrag!); Spezifikation (zum Spezifikationskauf s ORAC Rechtsskriptum „Schuldverträge" 1. Abschnitt A. V. 4.); Abruf eines Leistungsteiles.

- *Holschuld*: Der Sch braucht die Leistung lediglich anzubieten, der Gl muss sie beim Sch abholen (oben 3. Abschnitt C.II.1.).

Beachte:
Ist bei einer Holschuld ein Leistungstermin kalendermäßig vereinbart, so bedarf es nicht einmal eines Verbalangebotes durch den Sch. Der Gl gerät in Annahmeverzug, wenn er zum Leistungstermin die Leistung nicht abholt.

2. Rechtsfolgen

Welche Rechtsfolgen der Gläubigerverzug nach sich zieht, hängt davon ab, ob die Nichtannahme der Leistung eine Obliegenheitsverletzung (= Regelfall) oder eine Pflichtverletzung (= Ausnahme) ist.

Beachte:
Auf ein Verschulden des Gl kommt es in beiden Fällen nicht an! Zur Obliegenheit bereits oben 1. Abschnitt B.II.

a) Gläubigerverzug als Obliegenheitsverletzung

aa) Tatbestand

Im Regelfall hat der Sch keinen durchsetzbaren Anspruch gegen den Gl auf Annahme der Leistung. Der Gl ist nicht zur Annahme verpflichtet, er hat vielmehr ein Recht auf die Leistung. Weil der Gl zur Annahme nicht verpflichtet ist, können auch die Rechtsfolgen der §§ 918 ff nicht greifen. Gläubigerverzug ist also idR keine Pflichtverletzung, sondern eine **Obliegenheitsverletzung**. Begründet wird dies damit, dass der Sch – zumindest bei synallagmatischen Verträgen – auch im Fall der Nichtannahme durch den Gl ausreichend geschützt ist, weil er die Gegenleistung fordern kann. Das Interesse des Sch besteht also im Erhalt der Gegenleistung, nicht in der Annahme durch den Gl (s aber unten b!).

Beachte:
§ 1062 (lesen!) spricht dagegen für den Kaufvertrag von einer Abnahmepflicht des Käufers (= Gl der Sachleistung; „verbunden, die Sache sogleich, oder zur bedungenen Zeit zu übernehmen"). Es wird aber auch diese Bestimmung so ausgelegt, dass der Käufer im Allgemeinen nicht zur Abnahme verpflichtet ist, sondern nur durch die Nichtabnahme in Gläubigerverzug gerät (s auch ORAC Rechtsskriptum „Schuldverträge" 1. Abschnitt A.III.2.).

bb) Rechtsfolgen

„§ 1419. Hat der Gläubiger gezögert, die Zahlung anzunehmen; so fallen die widrigen Folgen auf ihn."

§ 1419 ordnet an, dass den Gl die **„widrigen Folgen"** treffen. Welche Folgen das sind, steht nicht in § 1419, sie sind vielmehr aus anderen Bestimmungen abzuleiten:

- Der **Gl** trägt die **Preisgefahr**.
- Der **Sch** haftet nur mehr für **grobes Verschulden** (Vorsatz und grobe Fahrlässigkeit) – str.
- Der Sch hat das Recht zur **gerichtlichen Hinterlegung** der Leistung (§ 1425). Diese bewirkt wie die Erfüllung das Erlöschen der Schuld (unten 5. Abschnitt B.).

> **Beachte:**
> Der Annahmeverzug selbst befreit also den Sch nicht von seiner Leistungspflicht. Dies geschieht erst durch die Hinterlegung, falls die Voraussetzungen dafür vorliegen.

- Der Sch kann seinerseits die **Gegenleistung** vom Gl (= Sch der Gegenleistung) fordern (unten III.).
- Mehraufwendungen, die durch den Gläubigerverzug verursacht sind, kann der Sch im Wege der Geschäftsführung ohne Auftrag vom Gl fordern (zB Kosten des erfolglosen Transports zum Gl, Verwahrungskosten).
- Besteht der Gläubigerverzug darin, dass der Gl eine erforderliche **Mitwirkung** an der Leistungserbringung unterlässt, so
  - kann der Sch entweder die Mitwirkungshandlung selbst setzen (so § 1063b iVm § 906; für den Spezifikationskauf; ORAC Rechtsskriptum „Schuldverträge" 1. Abschnitt A.V.4.)

    oder
  - der Sch hat die Möglichkeit des Rücktritts wie beim Schuldnerverzug (§ 1063b iVm § 906 Abs 2 lesen!).

b) Gläubigerverzug als Schuldnerverzug (Pflichtverletzung)

Ausnahmsweise kann der Gläubigerverzug eine Pflichtverletzung darstellen und somit wie der Schuldnerverzug die Rechtsfolgen des § 918 auslösen. Dies ist dann der Fall, wenn der Sch ein **besonderes Interesse an der Annahme** der Leistung durch den Gl hat, das über das Interesse am Erhalt der Gegenleistung hinausgeht.

> **Beispiel:**
> Kauf eines Hauses auf Abbruch. Der Verkäufer hat nicht nur ein Interesse an der Bezahlung des Kaufpreises für das Abbruchmaterial, sondern auch ein (für ihn viel wichtigeres!) Interesse daran, dass der Bauplatz durch den Abbruch frei wird.

Rechtsfolgen: wie beim Schuldnerverzug (oben I.).

III. Gläubiger- und Schuldnerverzug im Synallagma

Bei synallagmatischen Verträgen ist jede Partei gleichzeitig der Sch und der Gl. Es kann daher häufig der Fall eintreten, dass eine Partei nicht nur durch die Nichtannahme der Leistung des anderen in Gläubigerverzug gerät, sondern auch durch die Nichterbringung der eigenen Leistung (Gegenleistung) in Schuldnerverzug gerät. Die andere Vertragspartei kann dann sowohl die Rechtsfolgen des Annahmeverzugs wie auch jene des Schuldnerverzugs geltend machen.

Beispiel:
Der Käufer verweigert die Annahme der Kaufsache (= Gläubigerverzug) und die Bezahlung des Kaufpreises (= Schuldnerverzug).

Kontrollpunkte:

✓ Schuldnerverzug
- Varianten
- objektiver vs subjektiver

✓ Rechtsfolgen objektiver Verzug
- Erfüllung
- Rücktritt, Nachfrist, Rückabwicklung
- Besonderheiten im Verbrauchergeschäft

✓ zusätzliche Rechtsfolgen subjektiver Verzug
- Verspätungsschaden
- Differenzanspruch

✓ Teilverzug
- Teilbarkeit der Leistung
- eine/beide teilbar
- Verzug mit (nicht) äquivalenten Nebenpflichten

✓ Fixgeschäft
- allgemein
- Verbrauchergeschäft

✓ Gläubigerverzug
- Angebot des Sch
- Obliegenheits- vs Pflichtverletzung

✓ gleichzeitig Gläubiger- und Schuldnerverzug

D. Gewährleistung

I. Begriff und Abgrenzungen

1. Begriff

a) Die Gewährleistung als Leistungsstörung

Bisher haben wir als Leistungsstörungen jene zwei Fälle kennengelernt, in denen die Leistung nicht mehr erbracht werden kann (Unmöglichkeit – oben B.) oder der Sch die (noch mögliche) Leistung nicht erbringt (Verzug – oben C.). Es ist aber auch ein dritter Fall denkbar: Der Sch erbringt zwar die Leistung, die Leistung ist aber mangelhaft. Hier greift die Gewährleistung ein. Gewährleistung ist also die **Haftung des Sch für mangelhafte Leistung.**

b) Die Gewährleistung im ABGB

aa) Das ABGB regelt in den §§ 922–933 die Gewährleistung allgemein für alle Geschäfte, die auf die **entgeltliche Überlassung von Sachen** gerichtet sind. Prototyp eines solchen Geschäftes ist der Kaufvertrag, der für das Gewährleistungsrecht Pate gestanden hat.

Den gewährleistungspflichtigen Sch der Sachleistung nennen wir **Übergeber**, den gewährleistungsberechtigten Gl **Übernehmer**.

bb) Bei *unentgeltlichen* Geschäften besteht demgegenüber nur eine sehr eingeschränkte Gewährleistung. So haftet etwa der Schenker nur für die wissentliche Schenkung einer fremden Sache (§ 945 lesen!; dazu ORAC Rechtsskriptum „Schuldverträge" 1. Abschnitt C.II.1.). Vgl auch § 1397 S 1 (lesen!).

cc) Neben den §§ 922 ff gibt es *besondere* Gewährleistungsbestimmungen für bestimmte Verträge (die aufgezählten §§ lesen!): § 1096 (Bestandvertrag); § 1167 (Werkvertrag); § 1397 S 2 (entgeltliche Zession); §§ 377, 378 UGB (beiderseitig unternehmensbezogener Warenkauf); §§ 11 ff PRG (Pauschalreisevertrag).

c) Die (neue) Gewährleistung beim Verbrauchergeschäft

aa) Schon bisher sahen die §§ 8 ff KSchG gewisse Besonderheiten bei der Gewährleistung in *Verbrauchergeschäften* vor. Das sind Geschäfte zwischen einerseits einem Unternehmer und andererseits einem Verbraucher (§ 1 Abs 1 KSchG; lesen!).

bb) Infolge der RL (EU) 2019/770 und der RL (EU) 2019/771 ergibt sich für den Gesetzgeber jedoch ein weitgehender Anpassungsbedarf ua des Gewährleistungsrechts speziell hinsichtlich solcher Verbrauchergeschäfte. Diese Besonderheiten werden im Folgenden jeweils an den relevanten Stellen erläutert. Die Basis dafür bietet allerdings – mangels finalen Inkrafttretens zum Bearbeitungszeitpunkt – noch die Regierungsvorlage zum GRUG (Gewährleistungsrichtlinien-Umsetzungsgesetz; 949 BlgNR XXVII. GP) mitsamt den Erläuterungen (im Folgenden kurz: „EBRV").

Neben Neuerungen im ABGB und im KSchG bildet das wesentliche Kernstück des GRUG das neue *Verbrauchergewährleistungsgesetz (VGG)*. Es gilt gemäß seines § 1 Abs 1 für bestimmte Verbrauchergeschäfte iSd § 1 KSchG, und zwar für solche

- über den *Kauf von Waren* iS beweglicher körperlicher Sachen, einschließlich solcher, die noch herzustellen sind, sowie für solche
- über die *Bereitstellung digitaler Leistungen*, und zwar (lit a) gegen eine Zahlung oder (lit b) gegen die Hingabe personenbezogener Daten des Verbrauchers, es sei denn, der Unternehmer verarbeitet diese ausschließlich zur Bereitstellung der digitalen Leistungen oder zur Erfüllung von rechtlichen Anforderungen (zu diesen Verträgen und insbesondere den gewährleistungsrechtlichen Besonderheiten gesondert unter VIII.)

Beachte:
Das VGG hat also einen eigenen Anwendungsbereich. Es gilt deshalb auch insbesondere nicht für alle Verbrauchergeschäfte. Das ist besonders bei Werkverträgen wichtig:

- Werkverträge „klassischer Ausprägung" fallen nämlich nicht in den Anwendungsbereich. Darunter werden solche verstanden, bei denen das Dienstleistungselement des Werkunternehmers gegenüber dem Materialeinsatz deutlich im Vordergrund steht oder er überhaupt nur eine Dienstleistung zu erbringen hat. Ein Beispiel für Letzteres wäre die Herstellung eines Anzugs durch einen Herrenschneider, sofern der Verbraucher dafür den anlässlich eines London-Urlaubs selbst erworbenen Wollstoff beistellt (zum Ganzen EBRV 13).

- Umgekehrt sind allerdings nicht nur Kaufverträge iSd §§ 1053 ff erfasst, sondern insbesondere auch sog *Werklieferungsverträge* sowie die Montage oder Installation von Waren, wenn sie nach dem Vertrag geschuldet sind (EBRV 12).

In § 1 Abs 2 VGG werden zudem manche Verträge vom Anwendungsbereich ausdrücklich ausgenommen. Hervorzuheben sind hier der Kauf lebender Tiere (Z 1) und „analoge“ Dienstleistungen, selbst wenn der Unternehmer dabei digitale Formen oder Mittel einsetzt (Z 2; also zB wenn eine Rechtsanwältin eine Rechtsfrage mit digitalen Datenbanken analysiert und ihre Rechercheergebnisse sodann dem Verbraucher elektronisch übermittelt; EBRV 14). Die mögliche Ausnahme *öffentlicher Versteigerungen* (unterscheide davon gerichtliche Versteigerungen) *von gebrauchten Waren* wurde nicht in das VGG übernommen; es ist darauf also anwendbar (EBRV 14).

Die Bestimmungen des VGG sind einseitig zwingend (§ 3 VGG). Sie dürfen also grundsätzlich nicht zum Nachteil des Verbrauchers abgeändert werden. Eine Ausnahme besteht, wenn der Verbraucher den Unternehmer bereits vom Mangel verständigt hat, sowie nach § 10 Abs 4 VGG betreffend die Gewährleistungspflicht bei gebrauchten Waren (dazu unten II.4.d)).

Beachte:

Für das Verbrauchergeschäft wesentlich ist zudem die (neu gestaltete) Regelung über **vertragliche Garantien** in § 9a KSchG (lesen!). Hervorzuheben ist dabei insbesondere Abs 1 S 2 betreffend eine mögliche Abweichung der Garantieerklärung von entsprechenden Angaben in der Werbung (Werbung ist verbindlich, sofern nicht vorher mit gleicher Wahrnehmbarkeit berichtigt) sowie Abs 2 über die Haltbarkeitsgarantie von Herstellern. Bei Letzterer hat der Verbraucher während des Haltbarkeitszeitraums einen unmittelbaren Anspruch *gegen den Hersteller* auf Verbesserung oder Austausch der Sache. Abs 3 und 4 beinhalten Vorgaben über den Zeitpunkt, den Inhalt und die Zurverfügungstellung der Garantieerklärung sowie die Rechtsfolgen bei einem Verstoß gegen diese Vorgaben.

2. Abgrenzungen

a) Maßgeblicher Zeitpunkt

Der Mangel muss grds zum Zeitpunkt der **Übergabe** vorhanden sein (§ 924 S 1; § 933 Abs 1 nF; vgl jedoch zu Abweichungen bei digitalen Leistungen noch unten VIII.). Weicht der Gefahrenübergang von jenem der Übergabe an den Übernehmer ab (zB Annahmeverzug oder Versendungskauf), so muss der Mangel im Zeitpunkt des Gefahrenüberganges vorhanden sein. Dies wird bis zum Beweis des Gegenteils vermutet, wenn der Mangel innerhalb von sechs Monaten nach der Übergabe hervorkommt (§ 924 S 2). Im Verbrauchergeschäft beträgt die Frist ein Jahr (§ 11 Abs 1 S 1 bzw § 19 Abs 1 VGG). Diese Vermutungen treten nicht ein, wenn sie mit der Art der Sache oder des Mangels unvereinbar sind (§ 924 S 3; § 11 Abs 1 S 2 VGG; für digitale Leistungen vgl jedoch § 19 Abs 3 und 4 VGG). Speziell zur Beweislast auch noch unten V.4. und zu Besonderheiten bei digitalen Leistungen VIII.3.

Beispiele:

Mängel, bei denen typischerweise anzunehmen ist, dass sie gerade noch nicht bei der Übergabe der Sache vorhanden waren, zB Abnützung eines Bremsbelages beim Auto, Verkalkung einer Kaffeemaschine. Oder: Die Sache weist Spuren einer offenkundigen Fehlbehandlung durch den Übernehmer auf.

Umgekehrt spielt es keine Rolle, ob der Mangel bereits ursprünglich (bei *Vertragsabschluss*) vorhanden war oder erst zwischen Vertragsabschluss und Erfüllung entstanden ist.

Beachte:

Ein bereits zum Zeitpunkt des Vertragsabschlusses vorhandener Mangel wäre eigentlich ein Fall der anfänglichen (Teil)Unmöglichkeit. Weil aber § 923 (lesen!) die Gewährleistung auch für den Fall anordnet, dass eine nicht vorhandene Sache veräußert wird (= Fall der Unmöglichkeit), wird § 878 nach herrschender L auf das faktisch Absurde eingeschränkt (teleologische Reduktion!). Die schlichte (ursprüngliche) Unmöglichkeit ist ein Fall der Gewährleistung (s auch ORAC Rechtsskriptum „Allgemeiner Teil" 4. Abschnitt D.VI.).

Es genügt aber auch, wenn der Mangel im Zeitpunkt der Übergabe zumindest „latent vorhanden" war und erst später – aber innerhalb der Gewährleistungsfrist (unten II.4.) – erkennbar wurde („**Weiterfressermangel**").

Beispiel:

Vier Monate nach Kauf eines Gebrauchtwagens brennt dieser wegen ungeklärter Ursache während der Fahrt aus (vgl EuGH Rs C-497/13 – *Faber*).

b) Abgrenzung zum Irrtum

Weil die Gewährleistung auch greift, wenn der *Mangel bereits zum Zeitpunkt des* **Vertragsabschlusses** vorhanden ist, liegt gleichzeitig ein – im Regelfall vom Übergeber nach § 871 veranlasster – Eigenschaftsirrtum vor: Irrtum über verkehrswesentliche oder vereinbarte Eigenschaften (§ 871: „Beschaffenheit").

Nach hM besteht zwischen den Rechtsfolgen des Irrtums (Anfechtung, Anpassung) und den Gewährleistungsansprüchen volle **Konkurrenz**, dh, der Übernehmer kann wählen, welche Ansprüche er geltend macht. Daran hat auch das GRUG nicht einmal im Verbrauchergeschäft etwas geändert (EBRV 28).

Die Konkurrenz zwischen Irrtum und Gewährleistung hat für den Übernehmer aus zwei Gründen Bedeutung:

- Die **Verjährungsfrist** zur Geltendmachung eines Irrtums (§ 1487: drei Jahre) ist zumindest bei der Veräußerung beweglicher Sachen länger als die Gewährleistungs- und die Verjährungsfrist (zwei Jahre; bei Sachmängeln + drei Monate; unten II.4. und V.2.).

Beachte aber:

Die Verjährung nach § 1487 beginnt mit Vertragsabschluss zu laufen (zum Beginn der Gewährleistungs- und der Verjährungsfrist unten II.4.c) und V.2.).

- Ein vereinbarter **Gewährleistungsausschluss** (unten VI.2.) gilt nicht für Ansprüche wegen Irrtums: Der Übernehmer kann zwar die Gewährleistung nicht geltend machen, wohl aber den Irrtum (str).

c) Abgrenzung zur Nichterfüllung

Die *mangelhafte Leistung* ist **Nichterfüllung** bzw nicht vollständige (gehörige) Erfüllung. Es liegt nicht nur ein Mangel iSd §§ 922, 923 vor, sondern gleichzeitig auch ein:

- behebbarer Mangel: Schuldnerverzug, weil die Leistung nicht auf die bedungene Weise erbracht wird (§ 918 – oben C.I.1.);
- unbehebbarer Mangel: nachträgliche Unmöglichkeit (§§ 920, 1447).

Merke:
Dass die Gewährleistung gleichzeitig einen Tatbestand der Nichterfüllung (Verzug, Unmöglichkeit) darstellt, zeigt sich deutlich daran, dass *ein* möglicher Gewährleistungsanspruch jener auf Behebung des Mangels ist (unten III.2. für das ABGB). Es handelt sich dabei um den erhalten gebliebenen Erfüllungsanspruch (nach § 918).

Es stellt sich daher auch das *Konkurrenz*problem zwischen Gewährleistung und Nichterfüllung: Nach ständiger Rsp und hL ist die Abgrenzung so vorzunehmen:

- *vor* **Annahme der Leistung** als Erfüllung stehen dem Übernehmer nur die Ansprüche nach §§ 918 ff (**Nichterfüllung**) zu;
- *nach* Annahme hat der Übernehmer nur mehr die **Gewährleistungsrechte**.

Merke:
Diese Ansicht findet zwar im Gesetz keinerlei Grundlage, die Abgrenzung ist aber notwendig: Bestünde zwischen den Ansprüchen nach §§ 918 ff und den Gewährleistungsansprüchen volle Konkurrenz, könnte der Übernehmer also frei wählen, könnten die kurzen Gewährleistungs- bzw Verjährungsfristen des § 933 damit umgangen werden (dazu unten II.4. und V.2.). So etwa, wenn der Übernehmer statt der Auflösung des Vertrags (Gewährleistung) den Rücktritt (Nichterfüllung) oder statt der Mängelbehebung (Gewährleistung) den Erfüllungsanspruch (Nichterfüllung) geltend macht. Denn *beachte*: Für den Erfüllungsanspruch bzw das Rücktrittsrecht gilt § 1478 S 2: 30 Jahre (§ 1486 Z 1 gilt nur für die Gegenleistung [zB Kaufpreis]!).

II. Gewährleistungstatbestand (Mangel)

„§ 922. (1) Wer einem anderen eine Sache gegen Entgelt überlässt, leistet Gewähr, dass sie dem **Vertrag** entspricht. Er haftet also dafür, dass die Sache die **bedungenen oder gewöhnlich vorausgesetzten Eigenschaften** hat, dass sie seiner **Beschreibung, einer Probe oder einem Muster** entspricht und dass sie der Natur des Geschäftes oder der getroffenen Verabredung gemäß **verwendet** werden kann.

(2) Ob die Sache dem **Vertrag** entspricht, ist auch danach zu beurteilen, was der Übernehmer aufgrund der über sie gemachten öffentlichen Äußerungen des Übergebers oder des Herstellers, vor allem in der Werbung und in den der Sache beigefügten Angaben, erwarten kann; das gilt auch für öffentliche Äußerungen einer Person, die die Sache in den Europäischen Wirtschaftsraum eingeführt hat oder die sich durch die Anbringung ihres Namens, ihrer Marke oder eines anderen Kennzeichens an der Sache als Hersteller bezeichnet. Solche öffentlichen Äußerungen binden den Übergeber jedoch nicht, wenn er sie weder kannte noch kennen konnte, wenn sie beim Abschluss des Vertrags berichtigt waren oder wenn sie den Vertragsabschluss nicht beeinflusst haben konnten.“

„§ 923. Wer also der Sache Eigenschaften beylegt, die sie nicht hat, und die ausdrücklich oder vermöge der Natur des Geschäftes stillschweigend bedungen worden sind; wer ungewöhnliche Mängel, oder Lasten derselben verschweigt; wer eine nicht mehr vorhandene, oder eine fremde Sache als die seinige veräußert; wer fälschlich vorgibt, daß die Sache zu einem bestimmten Gebrauche tauglich; oder daß sie auch von den gewöhnlichen Mängeln und Lasten frey sey; der hat, wenn das Widerspiel hervorkommt, dafür zu haften.“

„§ 4 VGG. Der Unternehmer leistet Gewähr, dass die von ihm übergebene Ware oder die von ihm bereitgestellte digitale Leistung **dem Vertrag entspricht**, also keinen Mangel aufweist. Er haftet **somit** dafür, dass die von ihm erbrachte Leistung die **vertraglich vereinbarten Eigenschaften (§ 5)** sowie die **objektiv erforderlichen Eigenschaften (§ 6)** hat, dass **gegebenenfalls die Aktualisierungspflicht nach § 7** erfüllt wird und dass **im Fall des § 8 die Montage, Installation oder Integration sachgemäß durchgeführt** wird.“

1. Allgemeines

a) Erste Voraussetzung für die Gewährleistung nach ABGB ist, dass die Leistung mangelhaft ist: Der Übergeber leistet Gewähr dafür, dass die Sache dem Vertrag entspricht (§ 922 Abs 1 S 1). Ob die Sache dem Vertrag entspricht, ist gem § 922 Abs 2 auch danach zu beurteilen, was der Übernehmer aufgrund der über sie gemachten öffentlichen Äußerungen des Übergebers oder des Herstellers (oder deren Vertreter!), vor allem in der Werbung und in den der Sache beigefügten Angaben (zB Produktinformation), erwarten kann. Das gilt auch für öffentliche Äußerungen des Importeurs in den EWR oder einer Person, die sich durch die Anbringung ihres Namens, ihrer Marke oder eines anderen Kennzeichens an der Sache als Hersteller bezeichnet (*vgl den Quasihersteller in § 3 PHG!*). Solche Äußerungen binden den Übergeber jedoch nicht, wenn er sie weder kannte noch kennen konnte, wenn sie beim Abschluss des Vertrags berichtigt waren oder wenn sie den Vertragsabschluss nicht beeinflusst haben (§ 922 Abs 2); in diesen Fällen sind die Äußerungen des Herstellers, Quasiherstellers oder Importeurs nicht Inhalt des Vertrages zwischen Übergeber und Übernehmer geworden.

b) Im VGG gilt für den Kauf von Waren im Grunde dasselbe. Allerdings wird hier – neben den Anforderungen nach §§ 7 f VGG – differenziert zwischen einerseits den vertraglich vereinbarten Eigenschaften (§ 5) und andererseits den objektiv erforderlichen Eigenschaften (§ 6).

- Die vertraglich vereinbarten Eigenschaften nach § 5 VGG werden jedoch weitgehend den bedungenen Eigenschaften iSd § 922 Abs 1 entsprechen und erfassen auch konkludent vereinbarte Eigenschaften (EBRV 18 f). § 5 VGG beinhaltet allerdings auch eine beispielhafte Aufzählung möglicher Eigenschaften. Darunter kann zB – abweichend vom Wortlaut der Z 3 auch bei nicht digitalen Waren (EBRV 19) – die Bereitstellung eines Kundendienstes fallen.
- Die objektiv erforderlichen Eigenschaften nach § 6 VGG führen einen gesetzlichen Mindeststandard der Vertragsmäßigkeit ein und etablieren damit ein ganz neues Konzept. Der Unternehmer haftet für diese Eigenschaften also *zusätzlich zu den vertraglich vereinbarten Eigenschaften* (Abs 1 S 1). Unter anderem – und in der Praxis wohl am wichtigsten (EBRV 20) – muss eine Ware oder digitale Leistung demnach (§ 6 Abs 2 Z 5 VGG) die Menge, Qualität, Haltbarkeit, Funktionalität, Kompatibilität, Zugänglichkeit, Kontinuität, Sicherheit und sonstigen Merkmale aufweisen, die bei derartigen Waren oder digitalen Leistungen üblich sind und die der Verbraucher aufgrund der Art der Ware oder der digitalen Leistung und unter Berücksichtigung von öffentlichen Erklärungen, die vom Unternehmer oder einem seiner Vormänner oder in deren Auftrag, insbesondere in der Werbung oder auf dem Etikett, abgegeben wurden, vernünftigerweise erwarten kann. Vergleichbar mit § 922 Abs 2 ist eine öffentliche Erklärung idS allerdings auch hier nicht zu berücksichtigen, wenn sie der Unternehmer nicht kannte bzw kennen konnte, sie in zumindest vergleichbarer Weise bis zum Vertragsabschluss berichtigt wurde oder sie die Entscheidung über den Erwerb nicht beeinflussen konnte (Abs 3 Z 1–3). Weitere objektiv erforderliche Eigenschaften finden sich in § 6 Abs 2 Z 1–4 VGG (lesen!).

  Eine generelle Ausnahme besteht zudem nach § 6 Abs 1 S 2 VGG (lesen!), soweit der Verbraucher bei Vertragsabschluss der Abweichung eines bestimmten Merkmals von den objektiv erforderlichen Eigenschaften ausdrücklich und gesondert zustimmt. Das kann bei Online-Verträgen zB durch das Anklicken eines Kästchens oder die Betätigung einer Schaltfläche geschehen; ein Formgebot besteht aber nicht (EBRV 20). Zuvor muss der Verbraucher von dieser Abweichung zudem eigens in Kenntnis gesetzt worden sein. Die Information und Zustimmung müssen sich dabei auf eine bestimmte, konkretisierte Abweichung beziehen und können daher nicht einfach generell gehalten sein (EBRV 20).

2. Sachmangel

a) Wir unterscheiden Sachmängel und Rechtsmängel. Der **Sachmangel** besteht im **Fehlen von Eigenschaften** der Sache: Nach § 922 Abs 1 S 2 leistet der Übergeber Gewähr, dass die Sache die bedungenen oder gewöhnlich vorausgesetzten Eigenschaften hat, dass sie seiner Beschreibung, einer Probe oder einem Muster entspricht. Ob eine Sache mangelhaft ist, entscheidet somit primär die Vereinbarung der Parteien („bedungene Eigenschaften"), subsidiär die Verkehrsauffassung („gewöhnlich vorausgesetzte Eigenschaften"): **subjektiv-objektiver Fehlerbegriff.**

Beispiel:

Eine Heizungsanlage ist mangelhaft, wenn sie nicht funktioniert (objektiver Fehler). Ebenso liegt ein Sachmangel vor, wenn die Anlage etwa die in der entsprechenden Ö-Norm verlangte Heizleistung nicht erbringt; die Ö-Norm ist ein Indiz für die Verkehrsauffassung (objektiver Fehler). Schließlich ist eine Heizungsanlage mangelhaft, wenn die Parteien eine besonders hohe Heizleistung vereinbaren, die über die sonst übliche hinausgeht und von der konkreten Anlage nicht erbracht wird (subjektiver Fehler).

In der Rsp wurde aber auch etwa ausgesprochen, dass ein durchschnittlicher Käufer nicht ohne weitere Zusicherung von der dauerhaften Farbechtheit einer dunkel eingefärbten Ledersitzgarnitur („Wohnlandschaft") ausgehe, die in einem Abstand von nur 25 cm entlang einer bis zum Fußboden reichenden Glasfront platziert wird (vgl OGH 10 Ob 72/16k).

Die „Bedingung" einer Eigenschaft nennt man auch **Zusicherung**: Der Übergeber sichert zu, dass die Sache bestimmte Eigenschaften aufweise. Es handelt sich um eine *Willenserklärung*, die durch die Annahme des Übernehmers zu einer Vereinbarung über diese Eigenschaft wird. Nach allgemeinen Regeln der Rechtsgeschäftslehre reicht auch eine *konkludente* Zusicherung aus. Häufig kann aus der näheren Bezeichnung oder Beschreibung der Sache durch den Übergeber auf die konkludente Zusicherung bestimmter Eigenschaften geschlossen werden.

Beispiele:

„Antiker Bauernkasten" (der Übergeber sichert zu, dass der Kasten zur Gänze antik und nicht etwa mit neuen Teilen ausgebessert ist); „Gebrauchtwagen der Güteklasse 1" (der Übergeber sichert damit zu, dass der verkaufte Gebrauchtwagen zB keine Rostschäden hat).

b) Im VGG richtet sich die Mangelhaftigkeit nicht nur nach dem Vertrag (§ 5 VGG), sondern auch nach den objektiv erforderlichen Eigenschaften iSd § 6 VGG (vgl oben 1.). Inhaltlich sind Letztere aber wohl mit den Maßstäben nach § 922 Abs 1 (insb „gewöhnlich vorausgesetzte Eigenschaften") weitgehend deckungsgleich (idS auch EBRV 19 mwN).

Hinzu kommen noch die Pflichten nach § 7 und § 8 VGG:

- § 7 VGG stellt eine generelle Aktualisierungspflicht bei digitalen Leistungen auf (dazu noch unten VIII.4.)
- § 8 VGG regelt die Haftung des Unternehmers bei einer unsachgemäßen Montage, Installation oder (bei digitalen Leistungen) Integration. Abs 1 (lesen!) entspricht dabei weitgehend dem bisherigen § 9a KSchG (EBRV 22). Der Unternehmer haftet danach sowohl dann, wenn er die Montage oder Installation der Ware selbst vorzunehmen hatte und dabei an der Ware einen Mangel verursacht hat (S 1), als auch dann, wenn sie dem Verbraucher obliegt, aber aufgrund eines Fehlers in der vom Unternehmer mitgelieferten Anleitung unsachgemäß durchgeführt wurde (S 2). Das alles betrifft allerdings nur den Unternehmer, der die Ware liefert, bzw dessen Erfüllungsgehilfen nach § 1313a, nicht aber Dritte (EBRV 23).

3. Rechtsmangel

a) Ein **Rechtsmangel** liegt vor, wenn der Übergeber dem Übernehmer **nicht** die **rechtliche Position** verschafft, zu deren Verschaffung er nach dem Vertrag verpflichtet ist.

Beispiele:
Fehlendes Eigentum des Übergebers (§ 923: Verkauf einer fremden Sache); Belastung der Sache mit Rechten Dritter (Servitut, Pfand); fehlende behördliche Genehmigung (Baubewilligung).

Beachte beim fehlenden Eigentum des Übergebers aber die Möglichkeit des gutgläubigen Eigentumserwerbs durch den Übernehmer (dazu ORAC Rechtsskriptum „Sachenrecht" BT 1. Abschnitt C.IV.). In diesem Fall besteht keine Rechtsmängelhaftung. Für Schulden und Lasten vgl § 928 (unten VI.1.).

b) Der Rechtsmangel kann bereits dann geltend gemacht werden, wenn die **Berechtigung des Dritten** (zB des Eigentümers) **unzweifelhaft** ist. Der Übernehmer braucht nicht zu warten, bis der berechtigte Dritte gegen ihn Ansprüche erhebt (zB mit der Eigentumsklage gegen ihn vorgeht). Dies ist für den Beginn der Verjährungsfristen wichtig (unten V.2.).

Im ABGB gilt also *nicht* das *Eviktionsprinzip* des römischen und gemeinen Rechts: Demnach hatte der Übernehmer erst dann einen Gewährleistungsanspruch gegen den Übergeber, wenn der Dritte ihm die Sache entzog.

c) Für Rechtsmängel bestehen einige Besonderheiten:

- Streitverkündung (§ 931 lesen!, vgl auch § 21 ZPO)
- Beginn der Verjährungsfrist (unten V.2.)
- besondere Art der Verbesserung bei Schulden und Lasten (Depurierung – unten VI.1.c))

4. Gewährleistungsfristen

„§ 933. (1) Der Übergeber leistet Gewähr für jeden Mangel, der bei Übergabe der Sache vorliegt **und innerhalb von zwei Jahren, bei einer unbeweglichen Sache innerhalb von drei Jahren nach diesem Zeitpunkt hervorkommt.** Bei Rechtsmängeln leistet der Übergeber Gewähr, wenn der Mangel bei Übergabe der Sache vorliegt.

(2) Bei Viehmängeln beträgt die Frist sechs Wochen. Sie beginnt bei Mängeln, für die eine Vermutungsfrist besteht, erst nach deren Ablauf.

(4) Die Parteien können eine Verkürzung oder Verlängerung der in Abs. 1 bis 3 vorgesehenen Fristen vereinbaren."

„§ 10 (1) VGG. Der Unternehmer leistet Gewähr für jeden Mangel, der bei Übergabe der Ware vorliegt **und innerhalb von zwei Jahren nach diesem Zeitpunkt hervorkommt.**

(3) Bei Rechtsmängeln leistet der Unternehmer Gewähr, wenn der Mangel bei Übergabe der Ware vorliegt. Im Fall des Abs. 2 leistet der Unternehmer auch Gewähr für jeden Rechtsmangel an der digitalen Leistung, der zu Beginn oder während des Bereitstellungszeitraums beziehungsweise – im Fall einer Bereitstellungspflicht von weniger als zwei Jahren – zu einem Zeitpunkt innerhalb von zwei Jahren nach Übergabe der Ware vorliegt.

(4) Bei gebrauchten Waren kann die Gewährleistungsfrist vertraglich auf ein Jahr verkürzt werden, sofern dies im Einzelnen ausgehandelt wird. Bei Kraftfahrzeugen ist eine solche Verkürzung nur dann wirksam, wenn seit dem Tag der ersten Zulassung mehr als ein Jahr verstrichen ist.“

a) Rechtsnatur und Abgrenzung

Die Gewährleistungsfristen des § 933 Abs 1 und des § 10 VGG sind keine Verjährungsfristen (mehr), sondern echte **Gewährleistungsfristen** im Sinne von Haftungsfristen:

- Die Gewährleistungsfrist ist deshalb der Zeitraum, in dem ein Mangel hervorkommen muss, um die gewährleistungsrechtliche Haftung des Übergebers auszulösen.
- Die dreimonatige Verjährungsfrist nach § 933 Abs 4 bzw § 28 VGG (beide lesen!) ist dagegen der Zeitraum, innerhalb dessen der Übernehmer bzw Verbraucher seine Rechte aus der Gewährleistung geltend machen kann (EBRV 37 f mwN).
- **Beachte jedoch:** Bei Rechtsmängeln bestehen keine Gewährleistungsfristen; es kommt nur auf deren Vorliegen bei Übergabe an. In zeitlicher Hinsicht werden die Behelfe hier also nur durch die Verjährung nach § 933 Abs 3 S 2 bzw § 28 Abs 2 VGG eingeschränkt (EBRV 24).

b) Dauer der Fristen

aa) **zwei Jahre** bei der Veräußerung **beweglicher** Sachen (ABGB und VGG);

bb) **drei Jahre** bei der Veräußerung **unbeweglicher** Sachen (ABGB); dazu zählen: Liegenschaften, Unternehmen (str), Arbeiten an einer unbeweglichen Sache (zB Installationen oder Maurerarbeiten an einem Haus) oder der mit einem Selbständigkeitsverlust verbundene Einbau einer beweglichen Sache (zB eines Fensters oder von Fliesen) in eine unbewegliche Sache (EBRV 41), Superädifikate (obwohl im Sachenrecht: bewegliche Sachen!).

cc) sechs Wochen bei Viehmängeln (§ 933 Abs 2).

c) Beginn der Fristen

aa) **Sachmängel: Übergabe**. Das galt bisher auch bei verborgenen Mängeln; bei Zusicherung einer nicht schon bei Übergabe feststellbaren Eigenschaft nahm der OGH bislang einen Fristbeginn erst mit der sicheren Erkennbarkeit des Mangels an. Ob das alles weiterhin bzw nun insbesondere auch im VGG so gilt, ist allerdings fraglich. Generell ist auf die §§ 426 ff abzustellen (EBRV 24). Für die Gewährleistung im ABGB muss allerdings bei unbeweglichen Sachen auf die faktische Übergabe und nicht die grundbücherliche Eintragung abgestellt werden (EBRV 24 mwN).

bb) **Viehmängel**: Eine aufgrund des § 925 erlassene Verordnung (BGBl 1972/472) stellt *Vermutungsfristen* für bestimmte Viehmängel auf. Tritt der Viehmangel innerhalb dieser Frist auf, so wird vermutet, dass er bereits bei Übergabe vorhanden war. Die Gewährleistungsfrist beginnt mit Ablauf der Vermutungsfrist.

d) Abänderung durch Parteienvereinbarung

Die gesetzlichen Bestimmungen über die Gewährleistung sind im ABGB grundsätzlich **dispositives Recht**, die Parteien können daher durch Vereinbarung vom Gesetz abweichende Regelungen treffen. Die Bestimmungen des VGG sind einseitig zwingend, können also grundsätzlich nur zum Vorteil des Verbrauchers abgeändert werden (§ 3 VGG; vgl aber auch dessen 2. HS!).

Praktisch besonders häufig ist die nach § 933 Abs 4 zulässige Verlängerung oder Verkürzung der gesetzlichen Gewährleistungs- bzw Verjährungsfristen durch eine Vereinbarung.

Beispiel:
Beim Verkauf eines Autos vereinbaren die Parteien: „drei Jahre Garantie“.

Fraglich ist, wie eine solche Vereinbarung *auszulegen* ist. Drei Möglichkeiten sind denkbar; welche die Parteien im konkreten Fall gemeint haben, ist durch Vertragsauslegung (§§ 914, 915) zu ermitteln:

- Der Übergeber hat für Mängel einzustehen, die innerhalb der Frist (im Bsp: drei Jahre) auftreten. Hier wird also einfach die Gewährleistungsfrist nach § 933 Abs 1 verlängert.
- Der Übergeber hat für Mängel einzustehen, die innerhalb der gesetzlichen Frist von zwei Jahren auftreten. Der Übernehmer hat jedoch drei Jahre Zeit, um seine Rechte aus der Gewährleistung geltend zu machen. Hier wird also die Verjährungsfrist nach § 933 Abs 3 verlängert. Fraglich ist dabei jedoch der Beginn der Frist. Nach Abs 3 beginnt diese mit Ablauf der Gewährleistungsfrist. Das könnte also dazu führen, dass die Verjährung erst drei Jahre nach Ablauf der zweijährigen Gewährleistungsfrist abläuft. Allerdings kann die Vereinbarung im Bsp auch so ausgelegt werden, dass die dreimonatige Verjährungsfrist nach Abs 3 nur auf ein Jahr verlängert werden soll. In Summe hat der Übernehmer dann nämlich drei Jahre eine Möglichkeit gegen den Übergeber vorzugehen (zwei Jahre Gewährleistungsfrist + ein Jahr Verjährungsfrist). Zu beachten ist jedoch die Auslegungsregel des § 915 2. HS (lesen!).
- Der Übergeber hat – im Verbrauchergeschäft – eine vertragliche Garantie iSd (neu gestalteten) § 9a KSchG (lesen!) übernommen.

Beachte zudem: Im **Verbrauchergeschäft** ist die Verkürzung der Gewährleistungsfrist grundsätzlich unzulässig; es kann aber bei der Veräußerung gebrauchter Waren die Gewährleistungsfrist vertraglich auf ein Jahr verkürzt werden, sofern dies im Einzelnen ausgehandelt wird (§ 10 Abs 4 S 1 VGG). Bei Kraftfahrzeugen ist eine solche Verkürzung nur dann wirksam, wenn seit dem Tag der ersten Zulassung mehr als ein Jahr verstrichen ist (§ 10 Abs 4 S 2 VGG).

5. Aliud

Unterscheide vom Sachmangel die Lieferung einer anderen Sache (Anderslieferung, **aliud-Lieferung**). Für die Abgrenzung ist zwischen Stück- und Gattungsschuld zu unterscheiden: Liefert der Übergeber bei der **Stückschuld** eine andere Sache als die vereinbarte, so liegt **Nichterfüllung** (Verzug, Unmöglichkeit) vor; die Abgrenzung zur mangelhaften Leistung ist aufgrund der individuellen Festlegung des Leistungsgegenstandes bei der Stückschuld unproblematisch.

Beispiel:
Statt des vereinbarten Gebrauchtwagens X („Der Pkw X“) liefert der Übergeber das Auto Y. Hätte dagegen das gelieferte Auto X keinen Motor, so läge eine mangelhafte Lieferung vor.

Bei der **Gattungsschuld** ist die Unterscheidung zwischen Mangel und aliud dagegen schwierig. Dabei ist zu beachten, dass für die Qualität der Gattung mangels Vereinbarung § 905a („mittlerer Art und Güte“, vgl oben 3. Abschnitt A.IV.4.) gilt.

Beispiel:
Liefert der Übergeber statt des vereinbarten „Französischen Landweines“ glykolhältigen französischen Landwein, so liegt ein Mangel vor. Liefert der Übergeber dagegen einen Blaufränkischen aus dem Burgenland, so handelt es sich um ein aliud. Weitere Beispiele: Haifischfleisch – Walfischfleisch (eine alte, aber berühmte Entscheidung); Grubenholz – Bauholz.

Die Abgrenzung ist deshalb schwierig, weil aufgrund des primär entscheidenden subjektiven Fehlerbegriffes (Vereinbarung der Parteien – oben 2.) auch die Ansicht logisch denkbar wäre, Walfischfleisch sei mangelhaftes Haifischfleisch, weil es nicht der Vereinbarung entspreche. Es würde also auch bei der aliud-Lieferung Gewährleistungsrecht greifen, weil sie gleichzeitig eine mangelhafte, eben nicht der Vereinbarung entsprechende Lieferung ist.

Dennoch nimmt die hM eine *Abgrenzung* vor. Dafür wird **§ 378 UGB** herangezogen:

Merke:
Nach § 377 UGB besteht beim beiderseitig unternehmensbezogenen Kauf (dazu ORAC Rechtsskriptum „Schuldverträge" 1. Abschnitt A.V.7.) sowohl für die mangelhafte Lieferung wie auch für die aliud-Lieferung eine Rügeobliegenheit des Käufers (zur Obliegenheit oben 1. Abschnitt B.II.). Rügt der Käufer nicht, so verliert er ua seine Gewährleistungsansprüche. Die Rügeobliegenheit besteht nach § 378 UGB nicht beim *absolut genehmigungsunfähigen aliud*: Weicht die gelieferte Sache so erheblich von der Vereinbarung ab, dass der Verkäufer nicht mit einer Genehmigung der Abweichung durch den Käufer rechnen darf, so braucht der Käufer nicht zu rügen und behält dennoch seine Ansprüche.

Nach dieser Unterscheidung zwischen genehmigungsfähigem und nicht genehmigungsfähigem aliud in § 378 UGB sollen auch die Rechtsfolgen im bürgerlichen Recht analog abgegrenzt werden:

- Bei der **mangelhaften** Lieferung und der Lieferung eines **genehmigungsfähigen aliud** greift **Gewährleistung** (§§ 922 ff).
- Bei der Lieferung eines **absolut genehmigungsunfähigen aliud** dagegen liegt **Nichterfüllung** vor, die Rechtsfolgen beurteilen sich nach §§ 918 ff.

6. Qualitäts- und Quantitätsmängel

Der Mangel kann einerseits darin bestehen, dass der veräußerten Sache eine bestimmte Eigenschaft (Qualität) fehlt.

So etwa im Beispiel oben 5. die Lieferung glykolhältigen Weines.

Die Lieferung ist aber auch dann mangelhaft, wenn weniger als die vereinbarte Menge geliefert wird: **Quantitätsmangel**.

Beispiel:
Statt 100 Flaschen Wein liefert der Übergeber nur 80 Flaschen (der Wein selbst weist keinen Mangel auf!).

Für Quantitätsmängel kennt § 932 einen besonderen Gewährleistungsanspruch: den Anspruch auf **Nachtrag des Fehlenden** (unten III.2.).

III. Rechtsfolgen nach ABGB

1. Das System des § 932

„§ 932. (1) Der Übernehmer kann wegen eines Mangels entweder die **Verbesserung (Nachbesserung oder Nachtrag des Fehlenden)** oder den **Austausch der Sache** verlangen oder den **Preis mindern** oder den **Vertrag auflösen.**

(2) **Zunächst** kann der Übernehmer **nur die Verbesserung oder den Austausch** der Sache verlangen, **es sei denn**, dass die Verbesserung oder der Austausch unmöglich ist oder für den Übergeber, verglichen mit der anderen Abhilfe, mit einem unverhältnismäßig hohen Aufwand verbunden wäre. Ob dies der Fall ist, richtet sich auch nach dem Wert der mangelfreien Sache, der Schwere des Mangels und den mit der anderen Abhilfe für den Übernehmer verbundenen Unannehmlichkeiten.

(3) Die Verbesserung oder der Austausch ist in angemessener Frist und mit möglichst geringen Unannehmlichkeiten für den Übernehmer zu bewirken, wobei die Art der Sache und der mit ihr verfolgte Zweck zu berücksichtigen sind. Die Kosten der Verbesserung oder des Austausches hat der Übergeber zu tragen.

(4) Sind **sowohl die Verbesserung als auch der Austausch unmöglich oder** für den Übergeber mit einem unverhältnismäßig **hohen Aufwand** verbunden, so hat der Übernehmer das Recht auf **Preisminderung** oder, sofern es sich nicht um einen geringfügigen Mangel handelt, das Recht auf **Auflösung des Vertrags**. Dasselbe gilt, wenn der Übergeber die Verbesserung oder den Austausch verweigert oder nicht in angemessener Frist vornimmt, wenn diese Abhilfen für den Übernehmer mit erheblichen Unannehmlichkeiten verbunden wären oder wenn sie ihm aus triftigen, in der Person des Übergebers liegenden Gründen unzumutbar sind.“

a) Welche Gewährleistungsrechte der Übernehmer wegen einer mangelhaften Leistung geltend machen kann, ergibt sich aus § 932 Abs 1:

- Verbesserung (Nachbesserung oder Nachtrag des Fehlenden)
- Austausch der Sache
- Preisminderung
- Auflösung des Vertrags

Merke:
Auflösung des Vertrags und Preisminderung sind *Gestaltungsrechte*. Nach hM sind diese wie Ansprüche auch zedierbar (unten 6. Abschnitt B.I.3.). Bei Verbesserung und Austausch handelt es sich dagegen um *Ansprüche* (zu dieser Unterscheidung s ORAC Rechtsskriptum „Allgemeiner Teil“ 2. Abschnitt B.I.2.). Zum Schadenersatzanspruch s unten VII.

Beachte:
Die Gewährleistungsrechte können erst geltend gemacht werden, wenn der Übernehmer die Leistung als Erfüllung angenommen hat (oben I.4). Vorher stehen ihm die Ansprüche wegen Nichterfüllung (Verzug oder Unmöglichkeit) nach §§ 918 ff zu. Natürlich kann der Übernehmer (als Gl der Sachleistung) die ihm angebotene mangelhafte Leistung auch **zurückweisen**, dh nicht annehmen (§ 1413 – dazu unten 5. Abschnitt A.).

b) Die Verbesserung bzw der Austausch hat Vorrang vor Preisminderung und Auflösung des Vertrags:

aa) **Zunächst** kann der Übernehmer gem § 932 Abs 2 **nur** die **Verbesserung oder** den **Austausch** der Sache verlangen. Die Wahl zwischen Verbesserung und Austausch steht ihm zu. Der Übergeber kann gegen die vom Übernehmer gewählte Abhilfe gegen den Mangel einwenden, diese sei unmöglich oder wäre verglichen mit der anderen Abhilfe mit einem unverhältnismäßig hohen Aufwand verbunden. Ob dies der Fall ist, richtet sich nach dem Wert der mangelfreien Sache, der Schwere des Mangels und den mit der anderen Abhilfe für den Übernehmer verbundenen Unannehmlichkeiten.

Beispiele:

Der Übernehmer verlangt vom Übergeber die Nachbesserung des Mangels. Wenn diese Verbesserung verglichen mit einem Austausch der Sache für den Übergeber unverhältnismäßig teuer ist, hat der Übernehmer nur Anspruch auf den Austausch. Die Gesetzesmaterialien sprechen davon, dass in der Praxis bei (Massen-)Waren geringeren Wertes der Austausch das Mittel der Wahl sein wird, bei hochwertigen und bei besonders auf die spezifischen Bedürfnisse des Übernehmers zugeschnittenen Gütern eher die Verbesserung.

So wird demnach der Übernehmer beispielsweise bei einer Handtasche, bei der aufgrund eines Fabrikationsfehlers die Nähte unregelmäßig sind, nicht die aufwendige Reparatur, sondern nur den Austausch verlangen können. Auch bei einem Mobiltelefon, bei dem sich ein Defekt nicht durch eine einfache Reparatur (zB den Austausch der Antenne oder eines Moduls) beheben lässt, wird der Übernehmer Anspruch auf den Austausch des gesamten Geräts haben; im Allgemeinen wird sich der Verkäufer in diesem Fall aber auch nicht auf die unverhältnismäßigen Kosten einer vom Verbraucher verlangten Verbesserung (durch das „Einschicken" des Geräts an den Hersteller) berufen können.

Bei einem höherwertigen Gut – etwa einem Kfz – wird demgegenüber der Übernehmer wegen eines bloß geringfügigen Fehlers (zB wegen eines defekten Blinkers) nicht den Austausch der gesamten Sache, sondern nur die Verbesserung des Fehlers verlangen können.

bb) Sind sowohl die Verbesserung als auch der Austausch **unmöglich** oder für den Übergeber mit einem **unverhältnismäßig hohen Aufwand** verbunden, so hat der Übernehmer nach § 932 Abs 4 das Recht auf **Preisminderung.** Sofern es sich **nicht** um einen **geringfügigen** Mangel handelt, hat der Übernehmer auch das Recht der **Auflösung des Vertrags**; nach dem zugrunde liegenden Art 3 Abs 6 der EU-Richtlinie über den Verbrauchsgüterkauf ist wohl im Einzelfall entscheidend, ob die Auflösung des Vertrages angesichts des geltend gemachten Mangels unverhältnismäßig wäre.

Judikaturbeispiele:

Als geringfügiger Mangel wurde beispielsweise beurteilt:

- wenn bei einem fabrikneuen Pkw nach ca 1.000 gefahrenen Kilometern der Schaltknüppel bei kaltem Motor bei einzelnen Schaltvorgängen vibriert (vgl OGH 1 Ob 14/05y);
- ein Aufblinken der Leuchte des „Totwinkel-Assistenten" am Armaturenbrett eines als Taxi genutzten und ansonsten intakten und ordnungsgemäßen Pkw alle 300 bis 400 Kilometer verbunden mit einem zweimaligen kurzen Piepton und einem Aufleuchten des entsprechenden Signallichts am linken Außenspiegel, wodurch die Funktion des „Totwinkelsystems" nicht beeinträchtigt war. Es blinkte bei gegebener Situation, so wie es das System vorsieht, am Außenspiegel eine gelbe Lampe, welche signalisierte, dass ein Fahrzeug im toten Winkel ist (vgl OGH 1 Ob 139/14v).

Als nicht mehr geringfügig wurde beispielsweise beurteilt:

- wenn ein Pkw, bei dem auf besonderen Wunsch des Käufers hin eine Klimaanlage mit automatischer Temperaturkontrolle eingebaut wurde, bei winterlichen Temperaturen nicht über 20 Grad geheizt werden kann (vgl OGH 8 Ob 63/05f);
- wenn bei einem Pkw störende Vibrationsgeräusche vom Armaturenbrett ausgehen, die hintere Türe links schwergängig ist, bei gerader Lenkradeinstellung eine Seitenabweichung des Fahrzeuges von 2 m auf einer rund 100 m langen Messstrecke gegeben ist und bei den Stauklappen im Kofferraum außergewöhnlich große Formabweichungen vorliegen (vgl OGH 7 Ob 194/05p);
- wenn bei einem Neufahrzeug nach einigen Fahrten beim plötzlichen starken Beschleunigen und beim plötzlichen „Vom-Gas-Gehen" erhöhte Seitenkräfte spürbar sind, dieses unter normalen Fahrbedingungen (wie bei Einhaltung der vorgeschriebenen Geschwindigkeitsbeschränkungen) sowie bei einer angepassten Fahrweise entsprechend dem Fahrbahnbelag und auch der einwirkenden physikalischen Kräfte keine konkreten Mängel aufweist, bei der Durchführung von plötzlichen erheblichen Beschleunigungsvorgängen an der Lenkung ein Ziehen des Fahrzeuges zur linken Fahrbahnseite hin spürbar ist, die am Lenkrad einwirkenden Kräfte allerdings bei einer korrekten Lenkradhaltung (beide Hände am Lenkrad) leicht zu korrigieren sind und bei einer anschließenden plötzlichen Beendigung der Beschleunigungsphase ein Ausweichen des Fahrzeuges hin zur rechten Seite am Lenkrad spürbar ist, aber auch dieses Fahrzeugverhalten bei korrekter Lenkradhaltung ohne weiteres korrigierbar ist. Der OGH sah darin eine Beeinträchtigung der Verkehrssicherheit des Fahrzeuges (vgl OGH 4 Ob 198/15v).

Preisminderung oder Auflösung des Vertrags stehen auch zu, wenn der Übergeber die Verbesserung/den Austausch verweigert oder nicht in angemessener Frist vornimmt, wenn diese Abhilfen für den Übernehmer mit erheblichen Unannehmlichkeiten verbunden wären (zB Schmutz- und Lärmbelästigung durch Stemmarbeiten, um die eingebaute Sache zwecks Austausch wieder auszubauen) oder wenn sie dem Übernehmer aus triftigen, in der Person des Übergebers liegenden Gründen unzumutbar sind (zB die unzulängliche Reparatur an der Bremsanlage eines Kfz, die zu einem Bremsversagen geführt hat und andere Fehler, die eine besondere Sorglosigkeit und Nachlässigkeit des Übergebers nahelegen). Beachte aber, dass nicht jeder (selbst schuldhaft) vom Übergeber verursachte Mangel hier tatbestandsmäßig ist, denn auch im Rahmen des § 933a gilt der Vorrang der primären Gewährleistungsbehelfe (vgl dazu noch unten VII.).

2. Verbesserung und Austausch (Ansprüche auf Mängelbehebung)

a) Welche Ansprüche?

Die Ansprüche auf Mängelbehebung sind erhalten gebliebene **Erfüllungsansprüche** (wie nach §§ 918, 920 – oben B.II.2. und C.I.3.): Verbesserung (Nachbesserung oder Nachtrag des Fehlenden), Austausch der Sache. Die Kosten der Verbesserung oder des Austausches hat der Übergeber zu tragen (§ 932 Abs 3 S 2 nF).

b) Der Verzug mit der Mängelbehebung

Die Verbesserung oder der Austausch ist in angemessener Frist und mit möglichst geringen Unannehmlichkeiten für den Übernehmer zu bewirken, wobei die Art der Sache und der mit ihr verfolgte Zweck zu berücksichtigen sind (§ 932 Abs 3).

Gerät der Übergeber mit der Mängelbehebung in (objektiven) **Verzug**, so kann der Übernehmer gem § 932 Abs 4 S 2 Preisminderung oder (bei nicht geringfügigen Mängeln) Auflösung des Vertrags verlangen.

c) Erfüllungsort der Mängelbehebung

aa) Der **Erfüllungsort** für die Mängelbehebung beurteilt sich nach **§ 905** (oben 3. Abschnitt C.), denn es handelt sich um den erhalten gebliebenen Erfüllungsanspruch. Daher ist die Mängelbehebung grundsätzlich an jenem Ort vorzunehmen, der für die (mangelfreie) Leistung vereinbart war. Ausnahme: Die Parteien vereinbaren einen anderen Ort (bei Vertragsabschluss oder wenn der Übernehmer die Gewährleistung geltend macht).

bb) Eine Sonderregelung trifft **§ 8 KSchG**: Der Unternehmer hat die Mängelbehebung am **Ort der Übergabe** durchzuführen (§ 8 Abs 1 Z 1 1. Alt KSchG). Dies entspricht der Lösung nach § 905. Hat der Unternehmer die Sache vertragsgemäß an einen inländischen Ort **versendet** oder befördert, so hat die Mängelbehebung an diesem Ort zu erfolgen (§ 8 Abs 1 Z 1 2. Alt KSchG).

> **Beachte:**
> Dieser Ort muss – etwa beim Versendungskauf – nicht der Ort der Übergabe sein. Die Übergabe kann bereits mit der Versendung erfolgt sein (§ 429 und ORAC Rechtsskriptum „Schuldverträge“ 1. Abschnitt A.IV.).

Stattdessen kann der Verbraucher verlangen, dass die Mängelbehebung an jenem inländischen Ort erfolgen soll, wo sich die *Sache gewöhnlich befindet* (§ 8 Abs 1 Z 2 KSchG). Voraussetzung ist:

- dass dieser Ort für den Unternehmer nicht überraschend sein musste

  und

- dass die Beförderung der Sache zum Unternehmer nach ihrer Art untunlich ist (zB sperrige Gegenstände, durch Einbau unbeweglich gewordene Sachen).

Umgekehrt kann der Unternehmer vom Verbraucher verlangen, dass dieser ihm die Sache zur Mängelbehebung übersendet, wenn dies für den Verbraucher tunlich ist. Der Unternehmer hat jedoch die Gefahr der Übersendung zu tragen (§ 8 Abs 2 S 2 KSchG). Die neue Anordnung in § 8 Abs 2 S 1 KSchG, wonach der Verbraucher dem Unternehmer die mangelhafte Sache zur Durchführung der Verbesserung oder des Austausches zur Verfügung zu stellen hat, geht in der bisherigen Regelung auf; ob die Bereitstellung zur Abholung ausreichend oder aber eine Übersendung notwendig ist, richtet sich also weiterhin nach der Tunlichkeit (EBRV 48).

d) Mängelbehebung durch den Übernehmer selbst

Will der Übernehmer selbst den Mangel beheben, so stellt sich die Frage, ob er die **Kosten** vom Übergeber verlangen kann: Trifft den Übergeber ein *Verschulden*, so können die Behebungskosten als **Schadenersatz** verlangt werden (zB beim subjektiven Verzug mit der Mängelbehebung) – unten VII.

Ohne Verschulden des Übergebers ist die Lösung umstritten:

- Nach einer Ansicht ist der Übernehmer auf die Preisminderung beschränkt und kann die Behebungskosten nur im Rahmen des Minderungsanspruches geltend machen. Dies ist wegen der von den Behebungskosten grundsätzlich unabhängigen Berechnung der Preisminderung für den Übernehmer dann ungünstig, wenn die Behebungskosten höher sind als die Preisminderung.
- Nach einer anderen Ansicht kann der Übernehmer die Behebungskosten nach § 1042 vom Übergeber verlangen. Dies *wird von einem Teil der L* für den Fall bejaht, dass sich der Übergeber mit der Behebung in (objektivem) Verzug befindet (s auch ORAC Rechtsskriptum „Schadenersatz- und Bereicherungsrecht" 2. Abschnitt C.III.2.).
- Die Rsp spricht den Ersatz für die aufgewendeten Kosten, beschränkt mit der tatsächlichen Ersparnis des Verpflichteten, zu und begründet dies mit §§ 1155, 1168 Abs 1.

Hinweis:
Angesichts der Vollharmonisierung besonders durch die neue RL (EU) 2019/771 betreffend den Warenkauf wird die zukünftige Weitergeltung dieser Rsp bezweifelt (so etwa *Zöchling-Jud*, GPR 2019, 115 [127 f]).

3. Preisminderung

a) Mit der Preisminderung verlangt der Übernehmer die Herabsetzung des vereinbarten Preises für die gelieferte Sache. Auch die Minderung ist daher wie die Auflösung des Vertrags ein **Gestaltungsrecht**. Durch die Minderung erfolgt eine **Vertragsanpassung**, es handelt sich nicht um einen Schadenersatzanspruch (s aber unten VII.).

b) Die Preisminderung ist nach der **„relativen Berechnungsmethode"** zu berechnen (vgl § 441 deutsches BGB und nun auch § 14 Abs 2 und § 22 Abs 2 VGG). Die Parteien gehen bei Vertragsabschluss von einem bestimmten Wertverhältnis zwischen Leistung und Gegenleistung aus. Diese subjektive Äquivalenz, die durch den Mangel gestört wurde, soll erhalten bleiben. Der geminderte Preis ist daher durch eine *Verhältnisrechnung* zu ermitteln: Der vereinbarte Preis (P) verhält sich zum geminderten Preis (p) wie der objektive Wert der mangelfreien Sache (W) zum Wert der mangelhaften Sache (w). Die Preisminderung ergibt sich aus der Differenz zwischen P und p (M = P – p).

$$P : p = W : w$$

Beispiel:
A kauft ein Auto um 80 (P). Aufgrund von Rostschäden ist das Auto nur 60 wert (w). Ohne die Rostschäden wäre das Auto 100 wert (W). **Der Rostschaden führt also dazu, dass das Auto um 40 % weniger wert ist, als es in mangelfreiem Zustand wert wäre. Um diesen Prozentsatz ist daher auch der Kaufpreis zu mäßigen, sodass**

die Preisminderung 40 % von 80, somit 32 beträgt. Der geminderte Preis beträgt 48. Dem A wird also der Vorteil eines (im Vergleich zum Wert des mangelfreien Autos) günstigen Kaufes durch die Anpassung des Preises nicht genommen. Er hat im Ergebnis ein Auto, das 60 wert ist, um 48 gekauft.

Beachte:
Die Rsp setzt die Preisminderung im Regelfall nach freier Überzeugung (§ 273 ZPO) fest bzw ermittelt die Werte (W bzw w) durch ein Sachverständigengutachten.

4. Auflösung des Vertrags

a) Die Auflösung des Vertrags (bisher „Wandlung") entspricht hinsichtlich der Folgen dem *Rücktritt* nach §§ 918, 920 (oben C.I.3.b)cc)).

Beachte:
Auch der Fall, dass nur ein *Teil* der Sache oder eine von mehreren Sachen mangelhaft ist, ist wie beim Teilverzug (oben C.I.5.) bzw bei der Teilunmöglichkeit (oben B.VI.) zu lösen: Ein Auflösungsrecht hinsichtlich der mangelfreien Teile (Sachen) steht dem Übernehmer nur zu, wenn er an diesen kein *Interesse* hat.

b) Folgen der Auflösung des Vertrags:

- Der Vertrag fällt weg (wird eben „aufgelöst").
- Die Auflösung des Vertrags wirkt wie der Rücktritt nur schuldrechtlich ex tunc, *sachenrechtlich* dagegen *ex nunc* (Beispiel oben C.I.3.b)cc)).
- Bereicherungsrechtliche Rückabwicklung der bereits erfolgten Leistungen. Es ist jener Zustand wiederherzustellen, der vor Abschluss des Vertrages bestanden hat. Einschlägige Kondiktion ist die condictio causa finita (§ 1435).

Beachte:
Das Synallagma wirkt im Bereicherungsrecht weiter fort: Auch die Rückabwicklung hat Zug um Zug zu erfolgen. Fraglich ist, ob der Übernehmer auch auflösen kann, wenn die gelieferte *Sache nicht mehr zurückerstattet* werden kann (Weiterveräußerung, Untergang, Verarbeitung). Zu den möglichen Lösungen s ORAC Rechtsskriptum „Schadenersatz- und Bereicherungsrecht" 2. Abschnitt D.II.5.

IV. Rechtsfolgen beim Kauf von Waren nach VGG – im Vergleich zum ABGB

1. Das System des § 12 VGG

„§ 12 (1) VGG. Wenn die Ware mangelhaft ist, kann der Verbraucher unter den in dieser Bestimmung genannten Voraussetzungen entweder die Herstellung des mangelfreien Zustands verlangen oder den Preis mindern oder den Vertrag auflösen.

(2) Der Verbraucher kann – vorbehaltlich der Abs. 3 und 4 – zunächst nur die Herstellung des mangelfreien Zustands verlangen. Dabei kann der Verbraucher zwischen Verbesserung (Nachbesserung oder Nachtrag des Fehlenden) und Austausch der Ware wählen, es sei denn, die gewählte Abhilfe wäre unmöglich oder für den Unternehmer, verglichen mit der anderen Abhilfe, mit einem unverhältnismäßig hohen Aufwand verbunden. Bei der Beurteilung der Unverhältnismäßigkeit sind unter anderem der

Wert der mangelfreien Ware, die Schwere des Mangels und die mit der anderen Abhilfe für den Verbraucher verbundenen Unannehmlichkeiten zu berücksichtigen.

(3) Der Unternehmer kann die Herstellung des mangelfreien Zustands verweigern, wenn ihm sowohl die Verbesserung als auch der Austausch unmöglich oder für ihn mit einem unverhältnismäßig hohen Aufwand verbunden wären. Bei der Beurteilung der Unverhältnismäßigkeit sind unter anderem der Wert der mangelfreien Ware und die Schwere des Mangels zu berücksichtigen.

(4) Das Recht, den Preis zu mindern oder den Vertrag aufzulösen, hat der Verbraucher nur dann, wenn

1. der Mangel derart schwerwiegend ist, dass eine sofortige Preisminderung oder Vertragsauflösung gerechtfertigt ist,
2. der Unternehmer die Herstellung des mangelfreien Zustands – sei es unberechtigt, sei es nach Abs. 3 berechtigt – verweigert,
3. sich aus den Erklärungen des Unternehmers ergibt oder nach den Umständen offensichtlich ist, dass der Unternehmer den mangelfreien Zustand entweder gar nicht oder nicht in angemessener Frist oder nicht ohne erhebliche Unannehmlichkeiten für den Verbraucher herstellen wird,
4. der Unternehmer den mangelfreien Zustand nicht im Einklang mit § 13 Abs. 2 und 3 hergestellt hat oder den mangelfreien Zustand trotz Ablaufs einer angemessenen Frist noch nicht hergestellt hat oder
5. ein Mangel auftritt, obwohl der Unternehmer versucht hat, den mangelfreien Zustand herzustellen.

(5) Der Verbraucher kann den Vertrag nicht auflösen, wenn der Mangel nur geringfügig ist. Zweifel über die Geringfügigkeit des Mangels gehen zu Lasten des Unternehmers."

a) § 12 VGG regelt also, **welche Gewährleistungsbehelfe** der Verbraucher gegen den Unternehmer beim Kauf von Waren geltend machen kann. Inhaltlich decken sich diese jedoch mit denen des § 932, konkret daher (ebenso):
   - Verbesserung (Nachbesserung oder Nachtrag des Fehlenden)
   - Austausch der Sache
   - Preisminderung
   - Auflösung des Vertrags

b) Auch die **Hierarchie** der Gewährleistungsbehelfe ist so ausgestaltet wie nach ABGB (EBRV 26):
   - Als erstes kann der **Verbraucher zwischen Verbesserung und Austausch wählen**. Das Recht zur Wahl kommt ihm zu, außer eine Abhilfe wäre unmöglich oder für den Unternehmer, verglichen mit der anderen Abhilfe, mit einem unverhältnismäßig hohen Aufwand verbunden. Bei der Beurteilung der Unverhältnismäßigkeit sind nach § 12 Abs 2 S 3 VGG unter anderem der Wert der mangelfreien Ware, die Schwere des Mangels und die mit der anderen Abhilfe für den Verbraucher verbundenen Unannehmlichkeiten zu berücksichtigen. Es handelt sich dabei um eine demonstrative Aufzählung (EBRV 26 f). Die Berücksichtigung weiterer Faktoren ist also möglich.
   - Korrespondierend dazu hat der **Unternehmer** allerdings nach Abs 3 leg cit auch das Recht, den Verbraucher auf die sekundären Gewährleistungsbehelfe zu verweisen. Dieses Recht steht ihm zu, wenn **beide primären Behelfe unmöglich** oder für ihn mit einem unverhältnismäßig hohen Aufwand verbunden wären. Bei der Beurteilung der Unverhältnismäßigkeit sind unter anderem der Wert der mangelfreien Ware und die Schwere des Mangels zu berücksichtigen, nicht aber die Unannehmlichkeiten des alternativen Behelfs für den Verbraucher (EBRV 27).
   - Nach Abs 4 ist es aber auch möglich, dass der **Verbraucher auf seinen Wunsch hin** auf die sekundäre Ebene wechselt. Das ist allerdings nur dann zulässig, wenn (beachte die nach EBRV 27

auf den chronologischen Ablauf der Mängelbehebung, nicht aber auf die Häufigkeit ausgerichtete Aufzählung):

- der Mangel derart schwerwiegend ist, dass eine sofortige Preisminderung oder Vertragsauflösung gerechtfertigt ist (Z 1),

> **Beispiel:**
> Fabrikneues Mountainbike, das nur mit gänzlich unzureichenden Bremsen geliefert wird (vgl insofern auch § 932 Abs 4 S 2 letzter Fall: Verlust des Vertrauens; EBRV 27).

- der Unternehmer die Herstellung des mangelfreien Zustands – sei es unberechtigt, sei es nach Abs 3 berechtigt – verweigert (Z 2),
- sich aus den Erklärungen des Unternehmers ergibt oder nach den Umständen offensichtlich ist, dass der Unternehmer den mangelfreien Zustand entweder gar nicht oder nicht in angemessener Frist oder nicht ohne erhebliche Unannehmlichkeiten für den Verbraucher herstellen wird (Z 3),

> **Beachte:**
> Der erste Fall dieser Z 3 („aus den Erklärungen des Unternehmers") deckt sich hinsichtlich des gänzlichen Unterbleibens der Mangelbehebung mit der unberechtigten Verweigerung nach Z 2 (EBRV 27).

- der Unternehmer den mangelfreien Zustand nicht im Einklang mit § 13 Abs 2 und 3 VGG (lesen!) hergestellt hat oder den mangelfreien Zustand trotz Ablaufs einer angemessenen Frist noch nicht hergestellt hat (Z 4),

> **Beachte:**
> Diese Z 4 erfasst also zwei unterschiedliche Fallkonstellationen. Die erste führt dazu, dass der Verbraucher trotz erfolgter Verbesserung oder Austausch die Gewährleistungsbehelfe der zweiten Stufe geltend machen kann. Die EBRV (S 28) sehen davon aber va die Preisminderung angesprochen, die sich dann zumeist mit den Kosten für die Rücknahme der mangelhaften Ware (§ 13 Abs 2 VGG) oder mit den Entfernungs- und Montagekosten (§ 13 Abs 3 VGG) beziffern werde („Preisminderung als eigentlicher Schadenersatzanspruch im gewährleistungsrechtlichen Gewand"). In der zweiten Fallkonstellation von § 12 Abs 4 Z 4 VGG ist va das Abstellen auf eine *angemessene Frist* zu beachten.

- oder wenn ein Mangel auftritt, obwohl der Unternehmer versucht hat, den mangelfreien Zustand herzustellen (Z 5).

> **Beachte:**
> Es lässt sich nicht pauschal beantworten, wie viele Verbesserungsversuche dem Unternehmer hier zuzugestehen sind. Gerade bei teuren und komplexen Waren kann aber mehr als ein Versuch durchaus zu akzeptieren sein. Die EBRV (S 28) gehen zudem davon aus, dass sich diese Z 5 sowohl auf das neuerliche Auftreten desselben Mangels als auch auf das Auftreten eines anderen (schon bei Übergabe vorhanden gewesenen) Mangels und sogar auf einen durch den Verbesserungsversuch hervorgerufenen Mangel bezieht.

Zu beachten ist zudem, dass der Verbraucher nach § 12 Abs 5 VGG – wie auch der Übergeber nach § 932 Abs 4 S 1 – kein Recht auf Vertragsauflösung hat, wenn es sich um einen *bloß geringfügigen*

Mangel handelt. Anders als im ABGB wird im VGG jedoch im Zweifel davon ausgegangen, dass es sich um *keinen* solchen bloß geringfügigen Mangel handelt (EBRV 28).

2. Verbesserung und Austausch

a) Die Verbesserung nach § 13 Abs 1 VGG entspricht hinsichtlich der zeitlichen und operativen Vorgaben jener nach § 932 Abs 3. Sie ist *ohne Kosten für den Verbraucher* vorzunehmen. Darunter fallen sämtliche Kosten, also insbesondere Versand-, Beförderungs-, Arbeits- und Materialkosten sowie mögliche Kosten für die Prüfung, ob überhaupt ein Mangel vorliegt („Mangelerhebungskosten") (zum Ganzen EBRV 29).

b) Beim Austausch hat der Unternehmer nach § 13 Abs 2 VGG ebenso die mangelhafte Ware auf seine Kosten zurückzunehmen. Der Verbraucher schuldet auch kein Entgelt für den gewöhnlichen Gebrauch der ausgetauschten Ware (Abs 4).

Beispiel:
Eine mangelhafte Waschmaschine wird mit einer mangelfreien ausgetauscht. Der Unternehmer darf die mangelhafte Maschine nicht einfach beim Verbraucher zurücklassen, sondern muss für deren – für den Verbraucher kostenfreien – Abtransport sorgen (EBRV 29). Der Verbraucher schuldet ihm für den gewöhnlichen Gebrauch der ausgetauschten Maschine auch kein Benützungsentgelt oÄ.

Beachte:
Bei den anderen Gewährleistungsbehelfen wie insbesondere der Vertragsauflösung ist die Frage, ob der Verbraucher ein Entgelt für die Nutzung der Ware zu zahlen hat, nach allgemeinem Bereicherungsrecht zu lösen (EBRV 29; dazu ORAC Rechtsskriptum „Schadenersatz- und Bereicherungsrecht" 2. Abschnitt D.III).

c) Nach § 13 Abs 3 VGG hat der Unternehmer auch den *Ein- und Ausbau* bzw die entsprechenden *Kosten* zu tragen (dazu auch noch unten VII.4.). Voraussetzung dafür ist allerdings, dass die Ware vor Hervorkommen des Mangels entsprechend ihrer Art und ihrem Zweck montiert oder installiert wurde.

d) Beachte zudem die Regelung des **§ 8 KSchG** (dazu oben III.2.c)bb)).

3. Preisminderung und Auflösung des Vertrags

a) Die Preisminderung geschieht auch im VGG nach der *relativen Berechnungsmethode* (§ 14 Abs 2 VGG; dazu bereits oben III.2.b))

b) Die Auflösung des Vertrags nach § 15 VGG entspricht im Wesentlichen derjenigen nach ABGB.

§ 15 Abs 2 VGG trifft auch eine Regelung für den Fall, dass *nur ein Teil der übergebenen Ware mangelhaft* ist: Sofern vom Verbraucher erwartet werden kann, dass er den mangelfreien Teil behält, kann er den Vertrag dann nur für den mangelhaften Teil auflösen (vgl auch bereits oben III.4.a sowie generell zur Teilbarkeit von Leistungen 3. Abschnitt A.II.).

Wesentlich ist § 15 Abs 3 VGG (lesen!). Darin ist nämlich die Rückabwicklung nach einer gewährleistungsrechtlichen Vertragsauflösung eigens geregelt. Demnach hat

- der Verbraucher dem Unternehmer die Ware auf dessen Kosten zurückzugeben und
- der Unternehmer dem Verbraucher den für die Ware gezahlten Preis zu erstatten. Der Unternehmer kann allerdings die Rückzahlung verweigern, bis er entweder die Ware wieder zurückerhalten oder ihm der Verbraucher einen Nachweis über die Rücksendung der Ware erbracht hat.

Beachte:
Die Rückabwicklung nach einer Auflösung des Vertrags gem § 15 VGG hat also *nicht* Zug um Zug stattzufinden (EBRV 30). Vgl demgegenüber zur Auflösung des Vertrags und der bereicherungsrechtlichen Rückabwicklung nach ABGB III.4.b).

V. Geltendmachung und Verjährung

1. Formfreie Geltendmachung

Sämtliche Gewährleistungsbehelfe können nun infolge des GRUG formfrei geltend gemacht werden (EBRV 40). Im VGG ist für die Preisminderung in § 14 Abs 1 und für die Vertragsauflösung in § 15 Abs 1 sogar ausdrücklich festgehalten, dass der Verbraucher sein entsprechendes Recht durch eine Erklärung ausüben kann, die an keine bestimmte Form gebunden ist. Aber auch im ABGB übt der Übernehmer diese seine Gestaltungsrechte nun eben bereits mit seiner Erklärung aus (EBRV 40).

Beachte:
Durch die Geltendmachung mit einer Erklärung (empfangsbedürftige Willenserklärung) wird auch die Frage nach deren *Zugang* relevant (EBRV 30; allgemein dazu ORAC Rechtsskriptum „Allgemeiner Teil“ 4. Abschnitt B.I.5.).

2. Die Verjährungsfrist(en)

Zusätzlich zur eigentlichen Gewährleistungsfrist (dazu oben D.II.4) kennen die Regelungen zum Gewährleistungsrecht nun auch eine davon zu unterscheidende Verjährungsfrist (§ 933 Abs 3; § 28 VGG). Diese kann – trotz der prinzipiell formfreien Geltendmachung (oben 1.) – nur durch die rechtzeitige gerichtliche Geltendmachung wahrgenommen werden (EBRV 30).

a) Die Verjährungsfristen beginnen nach § 933 Abs 4 ABGB bzw § 28 Abs 1 VGG grds **mit Ablauf der eigentlichen Gewährleistungsfristen.** Die Dauer beträgt **drei Monate,** kann aber innerhalb der allgemeinen (insb § 879 Abs 3) und besonderen (insb § 3 VGG) Zulässigkeitsgrenzen auch verlängert oder verkürzt werden. Speziell § 933 Abs 4 (lesen!) ist damit also hinsichtlich der Verlängerung der Verjährungsfristen eine Ausnahme zu § 1502.

Beispiel:
Indem die Gewährleistungs- und die Verjährungsfristen also gerade *nicht* gleichgeschaltet werden, können unbillige Härten vermieden werden; zB:

- wenn der Übernehmer seine Rechte erst gegen Ende der Gewährleistungsfrist ausübt und der Übergeber seinen daraus resultierenden Pflichten wie etwa der Rückzahlung des Preises nach Vertragsauflösung nicht nachkommt. Oder:
- wenn der Mangel erst sehr knapp vor dem Ende der Gewährleistungsfrist hervorkommt und dadurch dem Übernehmer gar keine relevante Zeit mehr dafür verbliebe, um überhaupt mit Gewährleistungsansprüchen an den Übergeber heranzutreten.

Der Übernehmer hat in diesen Fällen somit noch drei Monate Zeit, um seine Rechte aus der Gewährleistung bzw seine Ansprüche aus einer Preisminderung oder Vertragsauflösung geltend zu machen. Das kann er sowohl außergerichtlich als auch gerichtlich machen. Für ein gerichtliches Vorgehen muss er insbesondere auch nicht seine Rechte vor Ablauf der Gewährleistungsfrist außergerichtlich an den Unternehmer herangetragen haben (beachte aber § 45 ZPO; zum Ganzen EBRV 38).

b) Bei *Rechtsmängeln* – bei denen ja keine Gewährleistungsfrist besteht (II.4.a)) – ist hingegen zu unterscheiden:

- ABGB: Die Verjährung beträgt zwei Jahre bei beweglichen Sachen bzw drei Jahre bei unbeweglichen Sachen. Sie beginnt zu dem Zeitpunkt, zu dem der Mangel dem Übernehmer bekannt wird.
- VGG: Die Verjährung beträgt ebenso zwei Jahre (das VGG ist ja nur auf den Kauf beweglicher Güter anwendbar; vgl oben D.I.c)). Sie beginnt auch wieder mit dem Zeitpunkt, zu dem der Mangel dem Verbraucher bekannt wird. Allerdings beginnt die zweijährige Frist beim Kauf von Waren frühestens mit der Übergabe iSd § 10 Abs 1 VGG. In den Fällen des § 10 Abs 2 VGG („Waren mit digitalen Elementen"; dazu noch unten VIII.) tritt die Verjährung überdies frühestens drei Monate nach dem Ende des Bereitstellungzeitraums ein.

c) Möglich ist zudem, dass der Übernehmer dem Übergeber den Mangel innerhalb der Verjährungsfrist nur **anzeigt**. Das bewirkt, dass dem Übernehmer die Einrede des Mangels gegen die Entgeltforderung des Übergebers – aber auch nur diese – zeitlich unbeschränkt erhalten bleibt (§ 933 Abs 3 S 3 ABGB bzw nun auch § 28 Abs 3 VGG: Perpetuierung). Das nützt dem Übernehmer also nur dann, wenn er den Kaufpreis noch nicht an den Übergeber bezahlt hat.

3. Regress des Unternehmers

a) Hat ein Unternehmer einem Verbraucher Gewähr geleistet, so stehen ihm nach § 933b Rückgriffsansprüche gegen seinen eigenen (unternehmerischen) Vormann auch nach Ablauf der Gewährleistungs- und Verjährungsfristen des § 933 zu. Dies kann sich innerhalb der Absatzkette auch fortsetzen. Wesentlich ist dabei, dass dieser Regress auf die Fälle beschränkt ist, in denen die Ausgangslage ein Unternehmer-Verbraucher-Geschäft ist (beachte also: evtl VGG!) und der Vormann selbst auch ein Unternehmer. Das galt bisher auch schon so und wurde durch das GRUG ausdrücklich beibehalten (EBRV 41; krit noch OGH 4 Ob 23/21t Rdn 36 mwN).

b) Der Anspruch ist jedoch mit den dem Übergeber aus dessen Gewährleistungspflicht entstandenen Nachteilen beschränkt (§ 933b Abs 1 S 3). Durch das GRUG trat zudem eine Neuerung in Abs 2 leg cit betreffend den Umfang des Regressanspruchs hinzu: Hat der Übergeber im Endkundenverhältnis nämlich durch Verbesserung oder Austausch – also auf der primären Stufe – Gewähr geleistet, so umfasst sein Regressanspruch den Ersatz des gesamten ihm durch die Verbesserung oder den Austausch entstandenen Aufwands (EBRV 42).

Beachte:

Mit dieser Neuregelung in Abs 2 leg cit wird insbesondere ein Gleichlauf mit den Regeln über den Ersatz von Ein- und Ausbaukosten erreicht (EBRV 8; zu diesen auch noch VII.4.). Bislang war der Anspruch nämlich mit dem Entgelt begrenzt, das der Übergeber selbst seinem Vormann gezahlt hat. Davon waren also möglicherweise nicht alle Aufwendungen gedeckt, die er erst wegen seiner eigenen Gewährleistungspflicht zu erbringen hatte (EBRV 8 unter Verweis auf OGH 3 Ob 243/18h).

Allerdings steht dieser Regress (auch) bezüglich des Mangelbehebungsaufwands nicht jedenfalls zu. Voraussetzung ist nämlich nach Abs 2 2. HS leg cit, dass der Übergeber unverzüglich nach Bekanntgabe des Mangels durch den Übernehmer **seinen Vormann zur Herstellung des mangelfreien Zustands aufgefordert** hat und der Vormann dieser Aufforderung nicht innerhalb einer angemessenen Frist nachgekommen ist. Damit kommt man einem allfälligen Selbstbehebungsinteresse des Vormanns entgegen. Diesem kann die Mangelbehebung ja unter Umständen leichter möglich sein. Er entgeht dadurch auch den Regressansprüchen des Übergebers. Implizite Voraussetzung des Ganzen ist freilich, dass der Mangel überhaupt – also zumindest durch den Vormann – faktisch behebbar ist; nicht möglich ist das also zB bei einer Speziesschuld mit irreparablem Mangel (EBRV 42).

Beispiel:

Konsument K kauft sich ein neues Mountainbike beim Fahrradhändler F. Leider ist die Lenkstange etwas verbogen und K macht seine Gewährleistungsbehelfe gegen F geltend. F fordert daraufhin sogleich seinen eigenen Lieferanten – den Hersteller des Mountainbikes H – zur Mangelbehebung auf. Dieser kann somit die Lenkstange ersetzen (das Mountainbike „verbessern"), was ihm als Hersteller auch leichter möglich sein wird als dem Fahrradhändler F. H entgeht dadurch auch den Ansprüchen von F gegen ihn nach § 933b (die ja vielleicht sogar noch höher wären als das Entgelt, das H ursprünglich von F bekommen hat).

Beachte:

Im Unternehmerverhältnis (Übergeber–Vormann) besteht zudem die Obliegenheit zur Mängelrüge nach § 377 UGB (lesen!). Diese ist von der Anzeige nach § 933b Abs 2 zu unterscheiden. Die Mängelrüge setzt nämlich in einer anderen Phase des Geschehens an (EBRV 43).

c) Regressansprüche nach § 933b Abs 1 **verjähren** gem Abs 3 leg cit drei Monate nach Erfüllung der eigenen Gewährleistungspflicht. Wie bereits bisher, besteht zudem eine absolute Frist von fünf Jahren, beginnend mit der (ursprünglichen) Leistungserbringung durch den Rückgriffspflichtigen. Eine Streitverkündung hemmt die Verjährungsfrist jedoch für die Dauer des Rechtsstreits.

d) Neu ist zudem, dass der Rückgriffsanspruch nach Abs 1 leg cit nurmehr dann in einer Vereinbarung **ausgeschlossen oder beschränkt** werden kann, wenn das im Einzelnen ausgehandelt worden ist und der Übergeber dadurch unter Berücksichtigung aller Umstände des Falles nicht gröblich benachteiligt wird (Abs 4 leg cit). Bislang lag die wesentliche Schranke für solche Vereinbarungen va in § 879 Abs 3 (lesen!). Nun ist aber eben schon von Vorneherein erforderlich, dass die Vereinbarung im Einzelnen ausgehandelt wird (deshalb nicht nur in AGB!; EBRV 43). Damit will man der gerade auch im unternehmerischen Verkehr unterschiedlich stark verteilten „Vertragsmacht" entgegenwirken (zB großer Konzern vs kleiner Handelsunternehmer; EBRV 43).

e) Der neue § 933b soll anzuwenden sein, wenn der Vertrag zwischen dem Rückgriffsberechtigten und dem Rückgriffspflichtigen nach dem 31. 12. 2021 geschlossen wird. Es geht ja um die Gewährleistungspflicht aus diesem Vertrag. Wann der Vertrag zwischen Letztverkäufer und Endkunde abgeschlossen wird, ist dafür irrelevant (§ 1503 Abs 20; EBRV 44).

4. Beweislast

Bei gerichtlicher Geltendmachung von Ansprüchen aus der Gewährleistung trägt die Beweislast grds der **Übernehmer**. Er muss beweisen:

- dass die Leistung mangelhaft ist (vgl aber § 11 Abs 2 VGG zu digitalen Leistungen),
- dass der Mangel entweder bei Übergabe/Gefahrenübergang vorhanden war oder innerhalb von sechs Monaten (§ 924) bzw einem Jahr (§ 11 Abs 1 VGG) danach hervorgekommen ist (dann greift jeweils die Vermutung, wenn nicht mit der Art der Sache oder des Mangels unvereinbar) **und**
- dass der Mangel innerhalb der Gewährleistungsfrist hervorgekommen ist (das ist aber freilich nur dann relevant, wenn diese bereits abgelaufen ist oder nicht ohnehin die Vermutung nach § 924 bzw § 11 Abs 1 VGG greift).

VI. Gewährleistungsausschluss

1. Offenkundige Mängel

a) Die Regel

Nach § 928 S 1 ist die Gewährleistung in zwei Fällen ausgeschlossen:

- bei zum Zeitpunkt des Vertragsabschlusses (!) **offenkundigen Mängeln** (§ 928: Mängel, die „in die Augen fallen"); Offenkundig ist ein Mangel, der bei Anwendung normaler *Sorgfalt* (§§ 1297, 1299) besonders leicht erkennbar ist.
- bei Mängeln, die aus den **öffentlichen Büchern** zu ersehen sind (zB Grundbuch). § 928 S 1 verweist auf § 443.

Durch Größenschluss (argumentum a minori ad maius) aus den beiden im Gesetz angesprochenen Fällen ergibt sich, dass die Gewährleistung auch ausgeschlossen ist, wenn dem Übernehmer der **Mangel** bei Vertragsabschluss **bekannt** ist.

Beispiel:
Kauf einer Sache vom Dieb, wobei der Übernehmer weiß, dass der Übergeber die Sache gestohlen hat.

b) Die Ausnahmen

Auch bei offenkundigen oder aus den öffentlichen Büchern ersichtlichen Mängeln hat der Übergeber Gewähr zu leisten:

- wenn er den Mangel **arglistig verschwiegen** hat, oder
- die Mangelfreiheit **ausdrücklich zugesichert** hat (§ 928 S 1); ausdrückliche Zusicherung ist hier – abweichend von § 863 – auch eine konkludente Erklärung.
- Für **Schulden und Rückstände**, die auf der Sache haften, muss der Übergeber in jedem Fall Gewähr leisten (§ 928 S 2). Schulden und Rückstände machen also auch dann gewährleistungspflichtig, wenn sie aus den öffentlichen Büchern ersichtlich sind.

Für den Verkauf von Liegenschaften (öffentliches Buch = Grundbuch) bedeutet dies:

- **Servitute** und sonstige Lasten (zB Reallasten) fallen unter § 928 S 1. Eine Gewährleistungspflicht besteht nur bei arglistigem Verschweigen oder ausdrücklicher Zusicherung.
- **Hypotheken** oder Rückstände an Gebühren, Steuern usw machen nach § 928 S 2 gewährleistungspflichtig; dies ist bei Hypotheken besonders wichtig, weil sie (im Regelfall) aus dem Grundbuch ersichtlich sind. Ausnahme: gegenteilige Vereinbarung der Parteien (unten 2.), § 928 S 2 enthält also eine widerlegliche gesetzliche Vermutung.

Hinweis:
In der RL (EU) 2019/771 betreffend den Warenkauf findet sich entgegen der früheren RL kein Haftungsausschluss mehr bei offenkundigen Mängeln. Das wirft im VGG die Frage einer notwendigen Vereinbarung über die Abweichung bzw „Mangelhaftigkeit" auf (vgl *Zöchling-Jud*, GPR 2019, 115 [121]; zu den objektiv erforderlichen Eigenschaften nach § 6 VGG oben II.1.b)).

c) Die Depurierungspflicht

Bei Schulden und Rückständen besteht ein besonderer Gewährleistungsanspruch: Der Übergeber hat die Sache lastenfrei zu stellen (**Depurierungspflicht**). Es handelt sich um einen der Verbesserung vergleichbaren Anspruch auf Mängelbehebung.

2. Gewährleistungsverzicht

a) Die Rechtslage im ABGB

Bereits oben (II.4.d)) wurde gezeigt, dass das Gewährleistungsrecht *dispositiv* ist. Der Übernehmer kann daher auf die Haftung des Übergebers verzichten.

Beachte:

Obwohl § 929 2. HS nur vom „ausdrücklichen" Verzicht spricht, ist auch ein konkludenter Verzicht möglich. Zum Teil wird vertreten, dass die **Weiterbenützung** oder **Weiterveräußerung** der Sache trotz Kenntnis vom Mangel als Grund für eine Auflösung des Vertrags ein *konkludenter* Verzicht auf die Auflösung des Vertrags sei. Ähnliches vertritt die Rsp zur Irrtumsanfechtung nach § 871. Grundsätzlich wird man hier angesichts des strengen Maßstabes in **§ 863** für die Auslegung konkludenter Erklärungen vorsichtig sein müssen. Entscheidend ist nach der Vertrauenstheorie, ob der Gegner (hier: Übergeber) die Handlung (= Weiterbenützung bzw -veräußerung) des Auflösungsberechtigten (= Übernehmer) als Verzicht verstehen darf.

Dem Gewährleistungsausschluss durch Vereinbarung sind allerdings Grenzen gesetzt:

- Ein Gewährleistungsverzicht ist iZw **einschränkend** (restriktiv) **auszulegen**, weil er die Aufgabe von Rechten bedeutet. So kann der Übernehmer etwa Gewährleistung wegen ausdrücklicher Zusicherung bestimmter Eigenschaften verlangen, auch wenn er allgemein auf die Gewährleistung verzichtet hat.
- Ein **gänzlicher Ausschluss der Gewährleistung in AGB** ist bei der Veräußerung fabrikneuer Waren *sittenwidrig* (§ 879). Dagegen kann die *Beschränkung* auf einzelne Gewährleistungsrechte *zulässig* sein.

b) Die Rechtslage im KSchG und im VGG

Für Verbrauchergeschäfte bestimmt § 9 S 1 KSchG, dass die Gewährleistungsrechte des Verbrauchers vor Kenntnis des Mangels nicht ausgeschlossen oder eingeschränkt werden können. Beim Kauf von Waren sowie bei der Bereitstellung digitaler Leistungen ist das VGG zu beachten (s dazu § 3 VGG).

VII. Gewährleistung und Schadenersatz

1. Mangelschaden – Mangelfolgeschaden

Unter *Mangelschaden* versteht man jenen Vermögensnachteil, den der Übernehmer dadurch erleidet, dass die veräußerte Sache einen Mangel aufweist: zB die Wertminderung der Sache oder Verbesserungskosten als Aufwand. *Mangelfolgeschaden* ist jener Nachteil am Vermögen oder sonstigen Rechtsgütern des Übernehmers, die als Folge der Mangelhaftigkeit der veräußerten Sache entstehen.

Beispiel:

A betreibt eine Hühnerfarm und kauft von B Hühnerfutter. Das Hühnerfutter ist verdorben, durch den Verzehr verenden 1.000 Hühner des A. Mangel bzw Mangelschaden ist, dass das Hühnerfutter verdorben ist, also die im Verkehr gewöhnlich vorausgesetzte Eigenschaft nicht aufweist, für Hühner zum Fressen tauglich zu sein (das verdorbene Hühnerfutter ist wertlos!). Der Mangelfolgeschaden besteht im Wert der 1.000 toten Hühner (Nachteil am Rechtsgut Eigentum).

Beachte:
Ein Teil der Mangelfolgeschäden ist durch das PHG abgedeckt. Dabei gibt es zwei wichtige *Unterschiede* zu beachten: Die Haftung nach dem PHG ist sowohl vom Vorliegen eines Vertragsverhältnisses wie auch von einem Verschulden **un**abhängig. Überdies haftet nach dem PHG der Händler, also der Vertragspartner des Endverbrauchers, nur ausnahmsweise (näher ORAC Rechtsskriptum „Schadenersatz- und Bereicherungsrecht“ 1. Abschnitt B.VI.).

2. Der Ersatz des Mangelschadens nach § 933a

Hat der Übergeber den Mangel verschuldet, so kann der Übernehmer von ihm auch Schadenersatz fordern (§ 933a Abs 1). Das gilt auch im Anwendungsbereich des VGG (EBRV 28). Wie bei der Gewährleistung ist der Schadenersatz wegen des Mangels selbst (sog Mangelschaden) nach § 933a Abs 2 zunächst auf die Verbesserung oder den Austausch beschränkt. Der Übernehmer kann aber Geldersatz verlangen, wenn sowohl die Verbesserung als auch der Austausch unmöglich ist oder für den Übergeber mit einem unverhältnismäßig hohen Aufwand verbunden wäre; oder wenn der Übergeber die Verbesserung/den Austausch verweigert oder nicht in angemessener Frist vornimmt, wenn diese Abhilfen für den Übernehmer mit erheblichen Unannehmlichkeiten verbunden wären oder wenn sie ihm aus triftigen, in der Person des Übergebers liegenden Gründen nicht zumutbar sind.

Vgl § 933a Abs 2 mit § 932 Abs 4!

Ein Ersatz des Mangelfolgeschadens wird von § 933a nicht ausgeschlossen und ist nach allgemeinen Regeln des vertraglichen Schadenersatzes zu beurteilen.

3. Unterschiede Schadenersatz – Gewährleistung

a) Der Schadenersatzanspruch ist von einem **Verschulden** des Übergebers abhängig, die Gewährleistung ist verschuldensunabhängig. Allerdings handelt es sich um einen vertraglichen Schadenersatzanspruch, daher gilt für die Beweislast § 1298: Der Übergeber muss beweisen, dass ihn am Mangel (= Schaden) kein Verschulden trifft (dazu ORAC Rechtsskriptum „Schadenersatz- und Bereicherungsrecht“ 1. Abschnitt A.XIII.2.). § 933a Abs 3 trifft eine Sonderregelung: Nach 10 Jahren ab Übergabe obliegt dem Übernehmer der Verschuldensbeweis (gilt für Mangelschäden und Mangelfolgeschäden!).

b) Der Schadenersatzanspruch **verjährt** nach **§ 1489** (dazu ORAC Rechtsskriptum „Schadenersatz- und Bereicherungsrecht“ 1. Abschnitt A.XII.1.). Für die Gewährleistung gilt § 933 (oben II.4. und V.2.). Dies hat für den Übernehmer zwei Vorteile:

- Die Verjährungsfrist des § 1489 beginnt erst ab *Kenntnis* des Übernehmers vom Schaden (= Mangel) und von der Person des Ersatzpflichtigen (= Übergeber). Dieser Zeitpunkt kann speziell bei Sachmängeln ein späterer sein als jener des Beginns der Gewährleistungsfristen (und damit auch der nachfolgenden Verjährung) (= grds Ablieferung – oben II.4.c)).
- Bei der Veräußerung beweglicher Sachen ist die Verjährungsfrist des § 1489 (drei Jahre) um fast ein Drittel länger als die Gewährleistungs- und Verjährungsfrist nach § 933 (zwei Jahre; bei Sachmängeln + drei Monate). Bei Unkenntnis des Übernehmers vom Mangel beträgt die Verjährungsfrist nach § 1489 sogar 30 Jahre (besonders wichtig für versteckte Sachmängel!).

4. Sonderproblem Ein- und Ausbaukosten

Ein besonderes juristisches Problem stellt der Ersatz der sog Ein- und Ausbaukosten dar.

Beispiel:
A kauft von B Fliesen. Diese werden von A in seinem Haus selbst montiert. Im Nachhinein stellt sich heraus, dass die Fliesen mangelhaft sind. A begehrt den Austausch der mangelhaften Fliesen gegen mangelfreie. Wer hat für den Ein- und Ausbau der Fliesen zu sorgen bzw die Kosten hierfür zu tragen?

Grob skizziert sieht die Lösung folgendermaßen aus:

a) Ein- und Ausbaukosten sind grds nur als Mangelfolgeschaden ersatzfähig. Dies bedeutet, dass ein Verschulden des Übergebers Anspruchsvoraussetzung ist (Schadenersatz).

b) Anderes gilt jedoch, wenn es sich um ein **Verbrauchergeschäft** handelt. Der Unternehmer ist hier im Rahmen der Gewährleistung verpflichtet, für den Ausbau der mangelhaften und den allfälligen Einbau der mangelfreien Ware zu sorgen. Er hat dies im Rahmen seiner Gewährleistungspflicht selbst vorzunehmen bzw die Kosten dafür zu tragen. Weil dies im Rahmen der Gewährleistung stattfindet, handelt es sich hier um einen verschuldensunabhängigen Anspruch. Somit haben Unternehmer gegenüber Verbrauchern Ein- und Ausbaukosten grds verschuldensunabhängig zu ersetzen. Um aber eine allenfalls unverhältnismäßige finanzielle Belastung des Unternehmers zu vermeiden, kann der Unternehmer – falls erforderlich – die Herabsetzung seiner Verpflichtung auf den an Hand des Vertrags unter Berücksichtigung von dessen Gegenstand und Zweck im Hinblick auf die Vertragswidrigkeit und den Wert der Sache in vertragsgemäßem Zustand zu ermittelnden „angemessenen Beitrag“ fordern (vgl OGH 10 Ob 65/17g mwN insb auf EuGH verb Rs C-65/09 und C-87/09 – *Gebr. Weber und Putz*). Im neuen § 13 Abs 3 VGG wurde diese Regelung nun auch in das Gesetz übernommen.

Der Umfang der Gewährleistungspflicht wird somit danach differenziert, ob ein Verbrauchergeschäft vorliegt oder nicht (sog gespaltene Auslegung, vgl OGH 9 Ob 64/13x).

VIII. Besonderheiten bei digitalen Leistungen nach VGG

1. Die „digitale Leistung“ im Sinne des VGG

a) Das VGG beinhaltet nicht nur neue Regeln zur Gewährleistung beim Kauf von Waren, sondern auch spezielle Regeln über die Bereitstellung digitaler Leistungen bzw va die Gewährleistung für diese. Der österreichische Gesetzgeber führt dabei den Begriff der **„digitalen Leistung“** neu ein. Er knüpft damit an den schuldrechtlichen Begriff der „Leistung“ an und fasst darunter – mit der Ergänzung „digital“ – sowohl digitale Inhalte als auch digitale Dienstleistungen (§ 2 Z 1 VGG). Es handelt sich dabei um den zentralen Begriff, über den der Anwendungsbereich des VGG generell (§ 1 Abs 1 Z 2 VGG) bzw dessen dritter Abschnitt im Besonderen (§ 16 Abs 1 VGG) eröffnet wird.

b) Wichtig ist zudem die Abgrenzung der (rein) „digitalen Leistung“ von „Waren mit digitalen Elementen“. Bei Letzteren gelten nämlich gem § 9 Abs 2 VGG (vgl auch § 16 Abs 4 VGG) auch für die in den Waren enthaltenen oder mit ihnen verbundenen digitalen Leistungen die Gewährleistungsregeln des zweiten Abschnitts über den Kauf von Waren und nicht jene des dritten Abschnitts. Die Waren mit digitalen Elementen werden in § 2 Z 4 VGG als bewegliche körperliche Sachen definiert, die ihre Funktionen ohne die in ihnen enthaltenen oder mit ihnen verbundenen digitalen Leistungen nicht erfüllen können. Voraussetzung ist dafür, dass diese aufgrund des Vertrags mit den Waren bereitzustellen sind, aber unabhängig davon, ob die Bereitstellung durch den Unternehmer oder einen Dritten geschieht. Wesentlich ist also der Vertragsinhalt; im Zweifel gilt die Bereitstellung der digitalen Leistungen zudem als vom Vertrag umfasst (EBRV 16). Körperliche

Datenträger (zB USB-Stick, CD-ROM), die nur als Träger digitaler Inhalte dienen, fallen aber nicht darunter (§ 9 Abs 3 und § 16 Abs 3 VGG).

Positive und negative Beispiele zu Waren mit digitalen Elementen (nach EBRV 16 f):

- ✓ Smart-TV, der nach der Werbung eine bestimmte Video-Anwendung enthält
- ✓ Smartphone mit gemäß Kaufvertrag standardisierten vorinstallierten Anwendungen wie Alarmfunktion oder Kameraanwendung
- ✓ Intelligente Armbanduhr, die ihre Funktion nur mittels einer Anwendung erfüllen kann, die gemäß Kaufvertrag bereitgestellt wird, aber vom Verbraucher auf ein Smartphone heruntergeladen werden muss
- ✓ „Analoges" Sprach- oder Musiklehrbuch, das gemeinsam mit einer CD bzw CD-ROM geliefert wird, auf der sich Hörbeispiele und Übungen befinden
- – Ware mit digitaler Gebrauchsanleitung auf einem Datenträger (nur Zubehör)
- – Spieleanwendung, die der Verbraucher aus einem App-Store auf ein Smartphone herunterlädt (Vertrag über Smartphone vs Vertrag über Spieleanwendung)
- – Smartphone gemäß Kaufvertrag ohne Betriebssystem, das der Verbraucher sodann von einem Dritten bezieht (Vertrag über Smartphone vs Vertrag über Betriebssystem)

2. Die Bereitstellung der digitalen Leistung

a) Digitale Leistungen müssen gem § 6 Abs 4 VGG grds in der neuesten bei Vertragsabschluss verfügbaren Version bereitgestellt werden (objektiv erforderliche Eigenschaft). Anderes kann jedoch vereinbart werden, wobei – anders als sonst bei § 6 VGG – die Wirksamkeitserfordernisse von Abs 1 S 2 (ausdrückliche und gesonderte Zustimmung, nachdem eigens in Kenntnis gesetzt wurde) *nicht* gelten. Eine Vereinbarung, dass eine ältere Version bereitgestellt wird, kann daher formfrei und ohne besondere Voraussetzungen getroffen werden (EBRV 20). Bei Waren mit digitalen Elementen gilt das alles aber wohl nicht (vgl EBRV 20).

Generell muss der Unternehmer seine digitalen Leistungen unverzüglich nach Vertragsabschluss bereitstellen, sofern nichts anderes vereinbart ist (§ 17 Abs 1 S 1 VGG; § 7a KSchG). Wie bzw wann er eine Leistung im Anwendungsbereich der §§ 16 ff VGG tatsächlich „bereitgestellt", also seine Hauptleistungspflicht erfüllt hat, richtet sich nach § 17 Abs 1 Z 1 und 2 VGG (lesen!). Der Unternehmer trägt auch die Beweislast für die rechtzeitige Bereitstellung (Abs 2 leg cit).

b) Es kann sein, dass der Unternehmer, der die digitale Leistung bereitstellt, diese auch in die digitale Umgebung des Verbrauchers zu integrieren hat. Er haftet dann nach § 8 Abs 2 S 1 VGG auch für einen durch sein unsachgemäßes Verhalten an der digitalen Leistung verursachten Mangel. Hat der Verbraucher die Integration vorzunehmen, haftet der Unternehmer nach S 2 leg cit allerdings ebenso, wenn diese aufgrund eines Fehlers in der vom Unternehmer bereitgestellten Anleitung unsachgemäß durchgeführt wurde. Entsprechendes gilt nach § 8 Abs 1 VGG auch für die Installation bei Waren mit digitalen Elementen. Hier haftet der Unternehmer nach S 3 leg cit sogar dann, wenn die fehlerhafte Anleitung nicht von ihm, sondern vom Anbieter des digitalen Elements mitgeliefert wurde.

3. Besonderheiten in der Gewährleistungspflicht

a) Wenn bei Waren mit digitalen Elementen die digitale Leistung nach dem Vertrag fortlaufend über einen bestimmten oder unbestimmten Zeitraum bereitzustellen ist, erstreckt sich die Gewährleistungsfrist *für diese Leistung* gem § 10 Abs 2 VGG auf den gesamten Bereitstellungszeitraum, jedoch mindestens auf zwei Jahre. Der Mangel muss dabei nicht einmal bei Übergabe der Ware bestanden haben. Es reicht, wenn er während dieser Zeit „auftritt oder hervorkommt" (EBRV 24). Dasselbe gilt gem § 10 Abs 3 S 2 VGG auch für Rechtsmängel an der digitalen Leistung (zB auslaufende Lizenzen), wobei es dafür auf das Vorliegen des Rechtsmangels ankommt und nicht auf sein Hervorkommen oder gar die Kenntnis des Verbrauchers davon (vgl aber zur Verjährung V.2.; EBRV 25). In § 11 Abs 2 VGG ist zudem eine eigene Beweislastregel enthalten, die auf die entsprechende Richtlinienbestimmung zurückgeht. Deren Bedeutung ist allerdings unklar (EBRV 25 f).

b) Bei (nur) digitalen Leistungen gilt das Gewährleistungsrecht der §§ 16 ff VGG. Das gilt auch für digitale Leistungen bei einer vertraglichen Kombination mit anderen Leistungen (§ 16 Abs 2; „Paketverträge", zB digitales Fernsehen wird bereitgestellt und mit dem Kauf elektronischer Geräte kombiniert, EBRV 31).

- § 18 Abs 1 VGG (lesen!) normiert zunächst den Gewährleistungsumfang ähnlich wie § 10 Abs 1 und Abs 3 S 1 VGG. Wesentlich ist dabei jedoch der Zeitpunkt der *Bereitstellung* (vgl die *Übergabe* nach allgemeinen Regeln). In Abs 2 leg cit (lesen!) findet sich zudem eine mit § 10 Abs 2 VGG vergleichbare Regelung bei fortlaufender Bereitstellung. Die Mindesthaftung für zwei Jahre fehlt jedoch.
- In § 19 Abs 1 und 2 VGG (lesen!) finden sich dem § 11 VGG entsprechende Vermutungsregeln. § 19 Abs 3 VGG beinhaltet eine Ausnahme davon, wenn die digitale Umgebung des Verbrauchers den technischen Anforderungen der digitalen Leistung nicht entspricht (Beweislast trägt der Unternehmer) und der Unternehmer den Verbraucher über diese Anforderungen klar und verständlich vor Vertragsabschluss informiert hat. Eine entsprechende Regel trifft denn auch Abs 4 leg cit (lesen!) betreffend die Mitwirkung des Verbrauchers bei der Prüfung, ob ein als Mangel erscheinender Fehler bei der Nutzung der digitalen Leistung von seiner digitalen Umgebung verursacht wird.
- § 20 VGG regelt die Gewährleistungsbehelfe bei digitalen Leistungen und orientiert sich dabei im Wesentlichen an § 12 VGG. Allerdings wird hier auf der primären Ebene nicht differenziert, sondern steht schlicht die *Herstellung des mangelfreien Zustands* (§ 21 VGG; lesen!) zu. Wie der Unternehmer das erreichen will, obliegt somit seiner Entscheidung (EBRV 33). Wird die digitale Leistung allerdings nicht gegen ein Entgelt bereitgestellt, sondern ausschließlich gegen die Bereitstellung personenbezogener Daten, hat der Verbraucher kein Preisminderungsrecht (Abs 5 leg cit; er kann dann ja auch gar keinen Preis mindern). In diesem Fall kann jedoch die Vertragsauflösung (§ 23 VGG; lesen!) – anders als sonst (Abs 6; lesen!) – auch bei nur geringfügigen Mängeln geltend gemacht werden (EBRV 34, vgl dort auch zu gemischten Konstellationen). In allen anderen Fällen richtet sich die Preisminderung nach § 22 VGG (lesen!), worin in Abs 3 auch eine Regelung bei fortlaufender Bereitstellung enthalten ist. Letztere ist auch für Waren mit digitalen Elementen relevant (EBRV 35).
- Die Pflichten der Vertragsparteien bei einer Vertragsauflösung regeln schließlich die §§ 24 f VGG. § 26 VGG beinhaltet Regeln zu Fristen und Zahlungsmitteln für Erstattungen durch den Unternehmer.
- Bei der Verjährung nach § 28 VGG bestehen eigentlich keine Besonderheiten. Zu beachten ist jedoch Abs 2 S 2 leg cit, wonach in den Fällen des § 10 Abs 2 VGG und des § 18 Abs 2 VGG die Verjährung bei Rechtsmängeln frühestens drei Monate nach dem Ende des Bereitstellungszeitraums eintritt.

4. Die generelle Aktualisierungspflicht nach § 7 VGG

In § 7 VGG wird für digitale Leistungen und Waren mit digitalen Elementen eine weitere objektive Anforderung eingeführt, namentlich die Aktualisierungspflicht. Diese betrifft Updates, die erforderlich sind, damit der Leistungsgegenstand weiterhin dem Vertrag entspricht („Erhalt der Vertragsmäßigkeit"). Dazu zählen insbesondere auch Sicherheitsaktualisierungen. Bloß verbesserte Versionen der digitalen Leistung müssen dagegen nicht bereitgestellt werden.

Unterlässt der Unternehmer diese seine Pflicht, entsteht dadurch ein Mangel an seiner Leistung (zum Ganzen EBRV 20 f). Daraus resultiert somit eine Abweichung zum ansonsten maßgeblichen Zeitpunkt der Übergabe (EBRV 22; zur Grundregel oben I.2.a)).

Beispiel (nach EBRV 21):
Eine Sicherheitsaktualisierung wird erforderlich, um gegen eine neue Schadsoftware gerüstet zu sein. Wird diese gar nicht bereitgestellt oder wird zwar eine Aktualisierung bereitgestellt, jedoch wirkt diese nur teilweise gegen die Schadsoftware oder hilft zwar dagegen, weist jedoch eine andere Sicherheitslücke auf, entsteht dadurch ein Mangel und somit die Pflicht zur Gewährleistung. Dasselbe gilt auch, wenn der Mangel durch die Aktualisierung erst verursacht oder ausgelöst wird.

Anders als sonst im VGG gilt diese Regel zudem sogar für Verträge iSd § 1 Abs 1 VGG, die *zwischen Unternehmern* abgeschlossen werden (§ 1 Abs 3 VGG). Auch die Rückgriffsregelung nach § 933b erstreckt sich darauf (EBRV 42).

Beachte:
Im Verhältnis zwischen zwei Unternehmern greift jedoch § 3 VGG (lesen!) nicht, zumal dieser nur Vereinbarungen zum Nachteil *des Verbrauchers* entgegensteht, ein solcher hier aber gerade nicht beteiligt ist. Die Aktualisierungspflicht kann zwischen Unternehmern also vertraglich auch eingeschränkt oder überhaupt abbedungen werden (EBRV 15). Fraglich bleibt dabei allerdings die Bedeutung von § 7 Abs 1 S 2 VGG: Dieser stellt ja ebenso auf einen Verbraucher ab. Gem § 1 Abs 3 VGG gilt jedoch § 7 VGG – also „der gesamte Paragraf" – auch im Unternehmerverhältnis.

§ 7 Abs 2 VGG regelt die Zeiträume, während derer eine Aktualisierung geschuldet ist. Zu unterscheiden ist dabei, ob die digitale Leistung einmal oder zumindest mehrmals einzeln bereitzustellen ist oder überhaupt fortlaufend über einen bestimmten oder gar unbestimmten Zeitraum.

Für das Gewährleistungsrecht wesentlich ist schließlich Abs 3 der Bestimmung. Der Leistungserbringer muss danach nämlich eine Aktualisierung nur *zur Verfügung stellen*. Wenn sich der Leistungsbezieher entscheidet, diese nicht durchzuführen, **entfällt auch die Haftung des Bereitstellers** für einen Mangel, der allein auf das Unterbleiben der Aktualisierung zurückzuführen ist. Voraussetzung dafür ist allerdings, dass

- der Bereitsteller den Bezieher über die Verfügbarkeit der Aktualisierung und über die Folgen eines Unterbleibens ihrer Installation informiert hat und
- das Unterbleiben oder die nicht sachgemäße Durchführung der Installation durch den Bezieher nicht auf eine mangelhafte Installationsanleitung zurückzuführen ist.

Beachte:
Zusätzlich zur (objektiven) Aktualisierungspflicht nach § 7 VGG ist es auch möglich, dass (weitere) Aktualisierungen vereinbart werden (§ 5 Z 4 VGG).

Kontrollpunkte:

✓ Gewährleistung allgemein
- ABGB und VGG
- maßgeblicher Zeitpunkt
- Abgrenzung Irrtum
- Abgrenzung Nichterfüllung

- ✓ Gewährleistungstatbestand (Mangel)
  - ABGB vs VGG
  - Sachmangel
  - Rechtsmangel
  - Gewährleistungsfristen (Rechtsnatur, Dauer, Beginn, Abänderung) – ABGB und VGG
  - (nicht) genehmigungsfähiges aliud
  - Qualitäts-, Quantitätsmängel
- ✓ Gewährleistungsbehelfe/Rechtsfolgen nach ABGB
  - primäre/sekundäre Behelfe – Systematik
  - Auflösung des Vertrags vs Preisminderung – (nicht nur) geringfügiger Mangel
  - Verbesserung/Austausch, Verzug, Erfüllungsort, Behebung durch Übernehmer
  - Preisminderung, relative Berechnungsmethode
  - Auflösung des Vertrags, Wirkungen
- ✓ Gewährleistungsbehelfe/Rechtsfolgen nach VGG (vs ABGB)
  - Systematik der Behelfe, insb Wechsel auf zweite Ebene
  - Verbesserung/Austausch
  - Preisminderung/Auflösung
- ✓ Geltendmachung und Verjährung
  - Formfreie Geltendmachung
  - Verjährungsfristen (Beginn, Dauer, bei Rechtsmängeln, Abgrenzung zur Gewährleistungsfrist)
  - Regress des Unternehmers
  - Beweislast
- ✓ Gewährleistungsausschluss
  - offenkundige Mängel, Ausnahmen, Depurierungspflicht
  - Gewährleistungsverzicht, ABGB, KSchG und VGG
- ✓ Gewährleistung und Schadenersatz
  - Mangel(folge)schaden
  - Systematik (Vergleich)
  - Unterschiede, Verschulden, Verjährung
  - Ein-, Ausbaukosten – allgemein und Verbrauchergeschäft
- ✓ Digitale Leistungen nach VGG
  - Definition und Abgrenzung von Waren mit digitalen Elementen
  - Bereitstellung
  - Besonderheiten bei Gewährleistung
  - Aktualisierungspflicht(en)

E. Positive Vertragsverletzung

I. Begriff

Der Begriff der positiven Vertragsverletzung (pVV) ist in Österreich umstritten. Nach der in Deutschland herrschenden L meint man mit diesem Begriff Folgendes: Bisher haben wir unter B.–D. Fälle kennengelernt, in denen der Gl dadurch einen Nachteil erleidet, dass der Sch nicht (Unmöglichkeit, Verzug) oder schlecht erfüllt (Gewährleistung). Es kann aber auch sein, dass der Sch zwar seine Leistung ordnungsgemäß erbringt, aber anlässlich der Erbringung der Leistung (Erfüllung) sonstige Rechtsgüter des Gl verletzt. Anders ausgedrückt: Der **Sch verletzt** anlässlich der Erfüllung **Schutzpflichten** gegenüber dem Gl.

Beispiel:

A hat für B einen Wohnzimmerschrank gefertigt (Werkvertrag). Anlässlich der Lieferung des Schrankes fährt A im Hof des B dessen Hund mit dem Lkw nieder, worauf dieser verendet.

Die hM subsumiert unter die pVV auch den Fall des *Mangelfolgeschadens* (oben D.VII.). Der Unterschied zum oben geschilderten Fall liegt darin, dass beim Mangelfolgeschaden der Schaden an den sonstigen Rechtsgütern des Gl durch die Mangelhaftigkeit der Leistung des Sch herbeigeführt wird (Tod der Hühner durch das verdorbene Futter). Bei der pVV ieS dagegen ist der Leistungsgegenstand des Sch in Ordnung, er verletzt aber anlässlich der Erbringung der Leistung Schutzpflichten.

Beachte:

Im Übrigen ist das Wort „positiv" bei der pVV irreführend: Die Schädigung sonstiger Rechtsgüter kann nicht nur durch ein positives Tun, sondern auch durch **Unterlassen** erfolgen. Mit „positiv" meint man, dass der Sch zwar seine Leistungspflicht (quasi positiv iS von „brav") erfüllt, dennoch aber Rechtsgüter des Gl verletzt.

II. Rechtsfolgen

Der Sch wird nach allgemeinen Grundsätzen (§ 1295 Abs 1) schadenersatzpflichtig. Die Haftung wegen pVV ist eine vertragliche Haftung, dh, es gilt *§ 1298* (Beweislastumkehr beim Verschulden) und *§ 1313a* (Erfüllungsgehilfenhaftung). Siehe dazu ORAC Rechtsskriptum „Schadenersatz- und Bereicherungsrecht" 1. Abschnitt.

F. Verkürzung über die Hälfte – laesio enormis

I. Begriff und Abgrenzungen

1. Begriff

a) Ist bei zweiseitig verbindlichen (= entgeltlichen) Geschäften die eine **Leistung weniger als die Hälfte der Gegenleistung wert**, so steht dem Verkürzten ein **Aufhebungsrecht** zu (§ 934 S 1: *Verkürzung über die Hälfte, laesio enormis*).

Beispiel:

Wert der Leistung 49; Wert der Gegenleistung 100. Ab einem Verhältnis 50 : 100 greift § 934 nicht!

Beachte:

Anders als etwa die *Gewährleistung* will § 934 also Störungen der objektiven Äquivalenz – wenn auch auf Störungen über 50 % beschränkt – ausgleichen. Daher besteht zwischen der laesio enormis und der Gewährleistung Konkurrenz.

b) Das Missverhältnis zwischen beiden Leistungen muss zum **Zeitpunkt des Vertragsabschlusses** vorliegen (§ 934 S 3). Die laesio enormis ist also in Wirklichkeit ein **Wurzelmangel** und keine Leistungsstörung.

Merke:

Die laesio enormis ist eine Besonderheit des ABGB, die etwa dem BGB unbekannt ist. Sie weist Parallelen zum Irrtum auf, die Beschränkung in § 934 auf die Hälftegrenze ist der eigentliche Grund, warum der **Wertirrtum** kein nach §§ 871, 872 beachtlicher Irrtum sein kann: Ließe man eine Anfechtung des Vertrages wegen Wertirrtums zu, so könnte ein wesentlicher Irrtum auch bei einem Wertverhältnis der vereinbarten Leistungen zB von 60 : 100 vorliegen. Dies würde der Wertung des ABGB in § 934 widersprechen. Zum Irrtum auch ORAC Rechtsskriptum „Allgemeiner Teil" 4. Abschnitt D.V.

c) Das Aufhebungsrecht des § 934 ist **zwingend**, kann also durch Parteienvereinbarung nicht ausgeschlossen werden (§ 935 1. HS).

Beachte:

§ 935 1. HS wurde durch das KSchG eingefügt, gilt aber aufgrund seiner Stellung im ABGB (nicht im KSchG) für *alle* Geschäfte (Ausnahme: § 351 UGB, unten II.) und nicht nur für Verbrauchergeschäfte!

2. Abgrenzungen

a) Unterscheide daher von § 934 den Fall der **Preisgefahr in § 1048**, dass die Sache mehr als die Hälfte ihres Wertes verloren hat: Hier ist der Wertverlust **nach** Vertragsabschluss eingetreten, bei § 934 muss das Missverhältnis bereits zum Zeitpunkt des Vertragsabschlusses vorliegen.

b) Unterscheide von der laesio enormis den **Wucher** (§ 879 Abs 2 Z 4 bzw § 1 WuchG):

aa) Zum einen ist für den Wucher ein auffallendes Missverhältnis zwischen Leistung und Gegenleistung erforderlich, die Nichtigkeit wegen Wuchers ist also nicht streng an die Hälftegrenze gebunden. Wucherisch kann ein Geschäft zB auch sein, wenn Leistung und Gegenleistung im Verhältnis 60 : 100 stehen.

bb) Zum anderen verlangt § 879 Abs 2 Z 4, dass der Wucherer den Leichtsinn, die Zwangslage, Verstandesschwäche, Unerfahrenheit oder Gemütsaufregung seines Vertragspartners ausnützt. Anders als bei der laesio enormis, wo für das Aufhebungsrecht allein das objektive Missverhältnis der Leistungen entscheidend ist, muss beim Wucher ein Vertragspartner zusätzlich ein von der Rechtsordnung missbilligtes Verhalten („ausnützen") gesetzt haben (subjektiver Tatbestand). Von der Beweislage ist die Aufhebung nach § 934 daher günstiger als der Wucher.

II. Anwendungsbereich

Keine Anwendung findet § 934 in folgenden Fällen:

- Der Erwerber erklärt, er kaufe die Sache zum vereinbarten Entgelt aus **besonderer Vorliebe** (§ 935 2. HS).

> **Beispiel:**
> A kauft von B einen Oldtimer um 50.000. Objektiv ist der Wagen nur 23.000 wert. A ist ein Liebhaber alter Autos und will gerade diesen Oldtimer unbedingt haben.

- Dem Erwerber ist der wahre **Wert** der Sache und damit das Missverhältnis zur Gegenleistung **bekannt** (§ 935 3. HS). Wie beim Kauf aus besonderer Vorliebe ist der Erwerber nicht schutzwürdig und soll daher auch den Vertrag nicht aufheben können.

> **Beachte:**
> Die Beweislast trifft in den Fällen 1. und 2. den Verkürzenden (im Bsp: den Verkäufer B).

- **gemischte Schenkung** (§ 935 4. HS);

> ORAC Rechtsskriptum „Schuldverträge" 1. Abschnitt C.II.3.a).

- **gerichtliche Versteigerung** (§ 935 letzter HS);

> Erfasst ist jedenfalls die Zwangsversteigerung nach der EO, für freiwillige Versteigerungen str. Nach hM fallen Online-Auktionen jedenfalls nicht unter § 935, § 934 ist in diesen Fällen also anwendbar.

- **Glücksverträge** (§ 1268);
- **Vergleich** (§ 1386);
- Zulasten eines **Unternehmers** kann die Anwendung des § 934 ABGB vertraglich ausgeschlossen werden (§ 351 UGB lesen!);
- OGH: Vereinbarungen nach § 55a Abs 2 EheG (einvernehmliche Scheidung).

III. Aufhebungsrecht

Die **Aufhebung** ist **gerichtlich** durch *Klage* oder *Einrede* geltend zu machen. Bei den Rechtsfolgen des Aufhebungsrechts nach § 934 S 1 geht die mittlerweile wohl hM von einer schuld- und sachenrechtlichen ex-tunc-Wirkung sowie einer Rückabwicklung nach § 877 analog aus. Obwohl die laesio enormis ein Wurzelmangel ist, entspricht das Aufhebungsrecht des § 934 S 1 hinsichtlich der Rechtsfolgen aber wohl eher der gewährleistungsrechtlichen Auflösung des Vertrags oder dem Rücktritt: schuldrechtliche ex-tunc-Wirkung mit bereicherungsrechtlicher Rückabwicklung nach *§ 1435* (condictio causa finita; s ORAC Rechtsskriptum „Schadenersatz- und Bereicherungsrecht" 2. Abschnitt B.II.2.); sachenrechtliche ex-nunc-Wirkung (str).

Beachte:
Wie bei der gewährleistungsrechtlichen Auflösung des Vertrags stellt sich auch bei der Aufhebung nach § 934 das Problem, ob der Untergang der nach Aufhebung zurückzustellenden Sache die Aufhebung ausschließt; die Lösung ist dieselbe wie bei der Auflösung des Vertrags nach Gewährleistungsrecht (dazu oben D.III.4. mwN).

Das Aufhebungsrecht verjährt in drei Jahren (§ 1487).

IV. Aufzahlungsermächtigung des Verkürzenden

Der Vertragspartner des Verkürzten (= der Verkürzende) kann die Aufhebung des Vertrages dadurch abwehren, also das Geschäft aufrechterhalten, dass er dem Verkürzten die **Differenz** zwischen dem Wert der eigenen Leistung und jenem der Gegenleistung **ersetzt** (§ 934 S 2). Diese Aufzahlungsbefugnis ist eine **facultas alternativa** (oben 3. Abschnitt A.V.5.).

Aufzuzahlen ist bis zum Wert der Gegenleistung und nicht etwa bis zur Hälftegrenze! *Beispiel (wie oben I.1.): Wert der Leistung 49; Wert der Gegenleistung 100. Aufzuzahlen sind 51 und nicht nur 1.*

Kontrollpunkte:

✓ positive Vertragsverletzung
- anlässlich der Erfüllung
- Rechtsfolgen, Grundlage

✓ Verkürzung über die Hälfte – laesio enormis
- Begriff, Zeitpunkt
- Abgrenzung § 1048
- Abgrenzung Wucher
- Ausschluss, Anwendungsbereich
- Geltendmachung, Rückabwicklung
- Aufzahlungsermächtigung

Fünfter Abschnitt: Erlöschen eines Schuldverhältnisses

A. Erfüllung

I. Begriff

Der Normalfall der Beendigung eines Zielschuldverhältnisses, wenn also keine Störung „passiert" ist, ist die Erfüllung. Erfüllung ist die **Leistung des Geschuldeten** (§ 1412).

Beachte:
Bei Geldschulden spricht man von Zahlung, „Zahlung" im ABGB ist allgemein die Erfüllung. Die Erfüllung ist kein Rechtsgeschäft, kann aber uU nur durch ein Rechtsgeschäft erfolgen. So sind für die Erfüllung eines Kaufvertrags zwei Verfügungsgeschäfte erforderlich (ORAC Rechtsskriptum „Sachenrecht" AT 2. Abschnitt B.II.2.c)). In anderen Fällen besteht die Erfüllung in der Vornahme tatsächlicher Handlungen (Realakt); zB beim Werkvertrag die Herstellung des Werkes, beim Dienstvertrag die Erbringung der Arbeitsleistung.

II. Voraussetzungen wirksamer Erfüllung

Die Erfüllung beendet das Schuldverhältnis, bringt also bestehende Verpflichtungen bzw Ansprüche zum Erlöschen (Ausnahme: Erfüllung durch Dritte – unten 4.). Damit das geschehen kann, müssen aber bestimmte Voraussetzungen gegeben sein:

1. Übereinstimmung von Verpflichtung und Erfüllung

a) Die Leistung muss, damit sie Erfüllung ist, der Verpflichtung (= Vereinbarung) entsprechen. Der Gl ist nicht verpflichtet, eine nicht der Vereinbarung entsprechende Leistung anzunehmen. Umgekehrt ist der Sch natürlich nicht verpflichtet, etwas anderes zu leisten (§ 1413 lesen!).

b) Ob die Leistung der Vereinbarung entspricht, ist nach drei Kriterien zu beurteilen (§ 1413 S 2; vgl auch § 918 Abs 1!): Zeit (Verzug); Ort (Verzug); Art der Leistung (Nichterfüllung oder Gewährleistung).

Wiederhole:
Was kann der Gl machen, wenn die Leistung des Sch nicht der Vereinbarung entspricht? Er kann entweder die Leistung zurückweisen und Nichterfüllung (Unmöglichkeit, Verzug) geltend machen; oder er nimmt die Leistung als Erfüllung an und macht Gewährleistung geltend. Was kann der Sch machen, wenn der Gl die ordnungsgemäße Leistung nicht annimmt und etwas anderes, nicht der Vereinbarung Entsprechendes verlangt? Der Gl befindet sich damit in Annahmeverzug, der Sch könnte etwa hinterlegen.

c) Der Gl ist ohne entsprechende Vereinbarung auch nicht verpflichtet, **Teilleistungen** anzunehmen (§ 1415 S 1). Ausnahme nach der Rsp: zB bei Geldleistungen, da dem Gl daraus kein Mehraufwand erwächst. Beachte auch § 16 VKrG!

d) Hat der Sch **mehrere Leistungen** zu erbringen, so fragt sich, welche Verpflichtung durch eine erbrachte Leistung erfüllt (= getilgt) ist.

Beispiel 1:

A schuldet dem B 1.000 sowohl aus einem Kaufvertrag KV1 als auch aus KV2. A zahlt an B 1.000. Ist das die Erfüllung von KV1 oder von KV2?

Beispiel 2:

A schuldet dem B aus jederzeit rückzahlbaren Krediten K1 400, aus K2 300 sowie aus K3 700. Zinssätze: K1 4,5 %, K2 6,5 %, K3 8,25 %. Bisher sind aus K1 90, aus K2 30 und aus K3 100 an Zinsen fällig (und noch nicht bezahlt). Die Rückzahlungsverpflichtung aus K1 ist bereits fällig, aus K2 und K3 noch nicht. A zahlt an B 1500. Was hat A damit erfüllt?

Lösung (beachte die Reihenfolge!):

aa) Grundsätzlich entscheidet die Einigung von Gl und Sch über die Reihenfolge der Tilgung (§ 1415 S 2).

Angewendet im Beispiel 1:

A will mit der Zahlung von 1.000 KV1 erfüllen und B ist damit einverstanden.

bb) Werden sich der Gl und der Sch nicht einig, hat also der Sch nicht gesagt, welche Verpflichtung er erfüllen will, oder ist der Gl mit der Bestimmung durch den Sch nicht einverstanden, so beurteilt sich die Reihenfolge der Tilgung nach § 1416:

„§ 1416. Wird die Willensmeinung des Schuldners bezweifelt, oder von dem Gläubiger widersprochen; so sollen **zuerst die Zinsen, dann das Capital, von mehreren Capitalien aber dasjenige, welches schon eingefordert, oder wenigstens fällig ist, und nach diesem dasjenige, welches schuldig zu bleiben dem Schuldner am meisten beschwerlich fällt**, abgerechnet werden."

- *Zinsen* vor Kapital;
- *fälliges* Kapital vor nicht fälligem (zur Mahnung und Fälligkeit oben 3. Abschnitt B.);
- bei mehreren fälligen Kapitalbeträgen die bereits eingeforderten vor den noch nicht eingeforderten Beträgen;
- „gleichrangiges" Kapital: die *für den Sch beschwerlichere* Verpflichtung vor der weniger beschwerlichen (zB höherer Zinssatz, Belastung mit Hypothek);
- gleich beschwerlich: verhältnismäßige Tilgung.

Lösung von Beispiel 2 nach § 1416: Zahlung von 1.500.

1. *Anrechnung auf die rückständigen Zinsen (insgesamt 220, bleiben 1.280).*
2. *K1 bereits fällig, daher Tilgung (400, bleiben 880).*
3. *K2 und K3: beide sind noch nicht fällig, daher gleichrangig; die Verpflichtung aus K3 ist aufgrund des höheren Zinssatzes für A beschwerlicher als K2, daher Tilgung von K3 (700, bleiben 180).*
4. *von K2 werden 180 getilgt, offen bleiben 120.*

Lösung von Beispiel 1 nach § 1416: Eine Rangordnung lässt sich nicht feststellen, daher werden die Kaufpreisschulden aus KV1 und KV2 verhältnismäßig (je zur Hälfte = 500) getilgt.

2. Leistung an den Gläubiger

a) Erfüllung ist nur die Leistung des Sch an den Gl (§ 1424).

b) Leistung an eine andere Person als den Gl ist nur Erfüllung (= der Sch wird von seiner Verpflichtung befreit), wenn

- der Dritte *Vertreter* des Gl ist; oder
- der Dritte *ermächtigte Empfangsperson* des Gl ist;

> **Beispiel:**
> A kauft von B eine Sache. Mit der Rechnung schickt B einen Erlagschein, mit dem A den Kaufpreis zahlen soll. Durch die Zusendung des Erlagscheins erklärt B dem A gegenüber (konkludent!), dass seine Bank (von der der Erlagschein stammt), ermächtigt ist, Zahlungen von A entgegenzunehmen (hier: durch bargeldlose Überweisung).

- oder der Gl den Sch ermächtigt hat, an den Dritten zu zahlen. Wichtigster Fall: Anweisung (unten 7. Abschnitt E.);
- Zum Schutz des Sch gibt es noch zwei Fälle:
  - Zahlung an den Zedenten durch den nicht verständigten Zessus (§ 1395 S 2 – unten 6. Abschnitt B.I.4.)
  - Zahlung des Nachlassschuldners an den Scheinerben (§ 824 S 2).

3. Geschäftsfähigkeit

a) Erfüllung durch einen nicht (voll) Geschäftsfähigen

Da die Erfüllung selbst kein Rechtsgeschäft ist, kann auch ein nicht Geschäftsfähiger erfüllen.

> **Beachte aber:**
> Ist zur Vornahme der Erfüllung ein Rechtsgeschäft erforderlich (zB Verfügungsgeschäft – oben I.), so bedarf es für *dieses* Rechtsgeschäft natürlich der Geschäftsfähigkeit!

Zum Schutz des nicht (voll) Geschäftsfähigen ist aber nicht jede Erfüllung wirksam. Voraussetzung ist (§ 1421 lesen!):

- Die Schuld besteht tatsächlich, die Verpflichtung ist also insbesondere gültig zustande gekommen („richtig“) und
- die Schuld ist fällig („verfallen“).

Liegt eine der beiden Voraussetzungen nicht vor, so kann der gesetzliche Vertreter die Leistung zurückfordern (§ 1421 S 2).

b) Erfüllung an einen nicht (voll) Geschäftsfähigen

Die Erfüllung an einen nicht (voll) Geschäftsfähigen ist nur dann wirksam, wenn das Geleistete noch vorhanden ist oder zu seinem Nutzen verwendet wurde. Ist das nicht der Fall, muss der Sch noch einmal leisten (§ 1424).

4. Leistung durch den Schuldner

a) Grundsätzlich ist Erfüllung nur die Leistung durch den Sch. Dieser Grundsatz gilt uneingeschränkt nur für höchstpersönliche Verpflichtungen.

> **Beispiel:**
> Malen eines Porträts.

Bei sonstigen (nicht höchstpersönlichen) Pflichten gilt:

- Der Sch darf Gehilfen einsetzen; dafür ist ein Einverständnis des Gl nicht erforderlich, weil der Sch ohnehin für ein Verschulden des Gehilfen haftet.
- Im Einverständnis mit dem Sch können auch Dritte, die nicht Gehilfen sind, erfüllen (§ 1423 S 1).
- Dritte können auch gegen den Willen des Sch, aber mit Einverständnis des Gl erfüllen.
- Gegen den Willen des Sch und des Gl kann kein Dritter wirksam erfüllen (§ 1423 S 2).

> Davon gibt es Ausnahmen, zB das „ius offerendi“ nach § 462 (dazu ORAC Rechtsskriptum „Sachenrecht“ BT 2. Abschnitt B.I.6.a)).

b) Hat ein Dritter wirksam erfüllt (= mit Einverständnis des Sch oder des Gl), so kann er vom Gl die **„Einlösung“** verlangen (§ 1422). Dh, die Forderung des Gl geht auf den Dritten über (= notwendige Zession), er kann sie gegen den Sch geltend machen; dazu unten 6. Abschnitt B.I.8. Die Einlösung ist also ein Fall, in dem trotz Erfüllung die Forderung/Verbindlichkeit nicht erlischt.

> **Unterscheide** davon die Legalzession zB bei der Bürgschaft (§ 1358): Der Bürge haftet für die Verbindlichkeit des Sch, § 1422 meint nur den Dritten, der erfüllt, ohne zu haften.

> **Merke:**
> Welche anderen Möglichkeiten hätte der Dritte, um das an den Gl Geleistete vom Sch zurückzubekommen? Es kommen in Frage: rechtsgeschäftliche Zession; Anspruch aus GoA; Verwendungsanspruch nach § 1042.

III. Gegenpflichten des Gläubigers

Hat der Sch (wirksam) erfüllt, entstehen auch für den Gl Pflichten:

1. § 1426: Ausstellung einer **Quittung** (= schriftliches Zeugnis über die Erfüllung);
2. § 1428: Herausgabe des **Schuldscheines**, den der Sch dem Gl als Beweis seiner Schuld gegeben hat. Zulässige Teilleistungen sind auf dem Schuldschein zu vermerken. Ist der Schuldschein verloren gegangen, kann Kraftloserklärung nach dem KraftloserklärungsG verlangt werden.

> **Beachte:**
> Quittung und Schuldschein haben nur deklarative Bedeutung (Beweisurkunden), es handelt sich um (schriftliche) Wissens- bzw Vorstellungsmitteilungen (dazu ORAC Rechtsskriptum „Allgemeiner Teil“ 4. Abschnitt B.).

B. Hinterlegung

I. Begriff und Voraussetzungen

Anstelle der Erfüllung bewirkt in bestimmten Fällen die Hinterlegung, dass der Sch von seiner Verbindlichkeit befreit wird. Gemeinsam ist diesen Fällen, dass die Erfüllung aus Gründen in der *Sphäre des Gl* nicht möglich ist (§ 1425 lesen!):

- der Gl ist unbekannt;
- der Gl ist abwesend;
- Annahmeverzug;
- andere wichtige Gründe, zB mehrere Personen behaupten, der Gl zu sein, oder die Rechtslage ist unklar (muss der Sch wirklich erfüllen?).

Ausgeschlossen ist die Hinterlegung durch den Versicherer in der Haftpflichtversicherung, wenn mehrere Geschädigte (= Gl) vorhanden sind (§ 156 Abs 3 VersVG); der Versicherer muss die Versicherungssumme verteilen.

Beachte:
Nur die berechtigte Hinterlegung (= ein Hinterlegungsgrund liegt vor) befreit den Sch. Die Folgen sind dieselben wie bei der Erfüllung, insbesondere geht die Preisgefahr auf den Gl über (§ 1425 S 2)!

II. Verfahren

Der Gl muss von der Hinterlegung verständigt werden (§ 1425 S 2), bei Abwesenheit wird für ihn ein Abwesenheitskurator bestellt. Die Leistung des Sch wird entweder bei Gericht hinterlegt (zB Geld); wenn dies wegen der Art der Leistung nicht möglich ist, wird vom Gericht ein Verwahrer bestimmt.

Zuständigkeit: Gericht des Erfüllungsortes; kein erstinstanzliches Gericht darf die Entgegennahme verweigern (Art XVIII EGJN).

Beachte aber:
Nur die Hinterlegung beim Gericht des Erfüllungsortes wirkt schuldbefreiend, die Hinterlegung ist ja nur ein Ersatz für die Erfüllung (§ 905!).

C. Leistung an Zahlungs statt

I. Begriff

Wir haben gesehen (oben A), dass weder der Sch noch der Gl gegen seinen Willen etwas anderes als das Vereinbarte leisten bzw annehmen muss (§ 1413). Der Sch und der Gl können aber vereinbaren, dass mit einer anderen Leistung als der, welche Schuldinhalt war, erfüllt wird (§ 1414 lesen!). Man nennt dies Leistung an Zahlungs statt (Leistung an Erfüllungs statt, datio in solutum).

Beachte:
1. Durch die Vereinbarung zwischen dem Gl und dem Sch ändert sich der Inhalt des Schuldverhältnisses; von der Novation unterscheidet die LaZs die gleichzeitige Erfüllung. 2. Bei der LaZs fallen Vertragsabschluss und Erfül-

lung zusammen. 3. § 1414 nennt als Fall der LaZs auch, dass die Leistung unmöglich geworden ist. Dies ist heute überholt, die nachträgliche Unmöglichkeit ist eine Leistungsstörung (§§ 920, 1447 – oben 4. Abschnitt B.).

Die LaZs hat dieselben Wirkungen wie die Erfüllung, insbesondere **erlöschen Sicherheiten** (Bürgschaft, Pfand). Die LaZs ist ein **entgeltliches** Geschäft (§ 1414): Entgelt für den Gl = Ersatzleistung (für die ursprünglich vereinbarte Forderung). Daher: *Gewährleistung* oder laesio enormis, wenn etwa die an Zahlungs statt gegebene Leistung mangelhaft oder weniger als die Hälfte der ursprünglich vereinbarten Leistung wert ist. Die gewährleistungsrechtliche Auflösung der LaZs führt zum Wiederaufleben der ursprünglichen Forderung.

II. Unterscheide davon: Leistung zahlungshalber

Unterscheide von der LaZs die Leistung zahlungshalber: Die Leistung zahlungshalber ist **nicht Erfüllung**. Der Sch gibt die Leistung dem Gl, damit sich dieser daraus befriedigen kann. Nur soweit der Gl Befriedigung erlangt, erlischt die Schuld.

Beispiel:

A schuldet dem B 100. Statt bar zu zahlen, tritt A dem B eine Forderung ab, die ihm gegen C in Höhe von 100 zusteht (zur Zession unten 6. Abschnitt B.). Erfolgt die Zession an Zahlungs statt, so ist A von seiner Schuld B gegenüber befreit. Wäre die Forderung gegen C nicht einbringlich, weil C zahlungsunfähig ist, hat B Gewährleistungsansprüche gegen A (§ 1397 iVm § 1414). Erfolgt die Zession dagegen zahlungshalber, so wird A nur so weit von seiner Schuld befreit, als B von C die abgetretene Forderung erhält. Erlangt B von C nur 70, so schuldet A dem B weiterhin 30.

Ob LaZs oder Leistung zahlungshalber erfolgt ist, kann nur durch Auslegung ermittelt werden. IZw ist die Leistung körperlicher Sachen LaZs; die Leistung von Wechsel oder Scheck Leistung zahlungshalber (ist der Scheck nicht gedeckt, muss der Sch noch einmal leisten).

D. Aufrechnung

Beispiel:

A hat gegen B eine Forderung von 800 aus einem Darlehen. B hat gegen A eine Forderung von 1.000 aus einem Kaufvertrag. A müsste an B zahlen, B an A. Um dieses unnötige Austauschen von Geld zu vermeiden, vereinbaren A und B, dass sich die Forderung des A (800) und der entsprechende Teil der Forderung von B gegenseitig aufheben. A braucht nur mehr 200 an B zu bezahlen.

I. Begriff und Zweck

1. Begriff

Aufrechnung (= Kompensation) ist die **Aufhebung einer Forderung durch eine Gegenforderung**. Sie hat – wenn die Voraussetzungen dafür gegeben sind (unten II.) – dieselben Wirkungen wie die Erfüllung (Zahlung): Die Forderungen erlöschen, soweit sie sich decken.

Unterscheide:

Mit einer Forderung aufrechnen (der eigenen Forderung des Aufrechnenden) vs *gegen* eine Forderung aufrechnen (die Forderung des anderen = Schuld des Aufrechnenden).

2. Zweck der Aufrechnung

- *Befreiung*: Sowohl A als auch B befreien sich im obigen Beispiel durch die Aufrechnung von ihrer Verbindlichkeit (A allerdings nur zum Teil!).
- *Befriedigung*: Sowohl die Schuld des A als auch des B werden durch die Aufrechnung erfüllt.
- *Verrechnung*: Statt unnötig Geld hin- und herzuschieben, werden die Forderungen aufgerechnet.
- *Sicherung*: Das Risiko der Uneinbringlichkeit der Forderung besteht nicht, wenn gegen eine andere Forderung aufgerechnet werden kann.

II. Voraussetzungen

Unterscheide: **einverständliche** und **einseitige** Aufrechnung.

1. Einverständliche Aufrechnung

a) Einzige Voraussetzung ist die **Gegenseitigkeit**, sonst besteht Vertragsfreiheit (vgl aber zB §§ 19, 20 IO). Gegenseitigkeit bedeutet, dass der Aufrechnende und der Aufrechnungsgegner zugleich der Sch und der Gl des jeweils anderen sein müssen.

Vgl obiges Beispiel:
A könnte gegen die Forderung des B nicht mit einer Forderung aufrechnen, die ihm gegen C zusteht.

b) Ausnahme bei der Zession (unten 6. Abschnitt B.I.5.a): Der Zessus kann gegen die (abgetretene) Forderung des Zessionars auch mit Forderungen aufrechnen, die ihm gegen den Zedenten bis zur Verständigung von der Zession entstanden sind.

2. Einseitige Aufrechnung

Gegenseitigkeit (wie bei einverständlicher Aufrechnung)

a) Aufrechnungserklärung

Es gibt keine automatische Aufrechnung (kein „ipso iure compensatur"). Wer aufrechnen will, muss dies dem anderen erklären. Die Aufrechnungserklärung wirkt *zurück*: Die Aufrechnung tritt zu jenem Zeitpunkt ein, zu dem sich die Forderungen erstmals gegenübergestanden sind. Daher soll nach hM auch mit **verjährten** Forderungen aufgerechnet werden können.

b) Gültigkeit

Forderung und Gegenforderung müssen wirksam zustande gekommen und klagbar sein.

Dh für **Naturalobligationen** (dazu oben 1. Abschnitt D.III.): **Mit** (!) der Forderung aus einer Naturalobligation kann nicht aufgerechnet werden, der Gl kann sie ja auch nicht geltend machen (Ausnahme nach hM: Verjährung, oben a)). **Gegen** eine Forderung aus einer Naturalobligation ist die Aufrechnung möglich, weil der Sch sie ja auch erfüllen kann.

Beispiel:
wie oben, nur schuldet B dem A die 800 als Spielschuld (§ 1432!). A kann als der Gl der Naturalobligation (= Spielschuld des B) nicht mit seiner Forderung von 800 gegen die Forderung des B (1.000 aus dem KV) aufrechnen. B kann dagegen mit seiner Forderung aus dem KV gegen die Forderung des A aus dem Spiel aufrechnen.

c) Gleichartigkeit

aa) Gleichartig sind *Geldforderungen* sowie sonstige Gattungsschulden derselben Gattung und Güte.

> Aufrechenbar sind daher Birnen gegen Birnen, nicht aber Birnen gegen Äpfel. Beachte: Im Insolvenzverfahren werden alle Forderungen gegen die Masse Geldforderungen (§ 14 IO, unten J.).

bb) **Nicht** erforderlich ist, dass Forderung und Gegenforderung gleich hoch sind. Bei verschiedenem Umfang (wie im obigen Beispiel) wirkt die Aufrechnung nur, soweit sich die Forderungen decken (im Beispiel: 800).

d) Fälligkeit

Forderung und Gegenforderung müssen fällig sein. Zur Fälligkeit oben 3. Abschnitt B.I.

e) Kein Aufrechnungsverbot

aa) vereinbarte Aufrechnungsverbote

> **Beachte:**
> Aufrechnungsverbote zu Lasten des Verbrauchers sind unwirksam, wenn sie gelten sollen (§ 6 Abs 1 Z 8 KSchG): 1. für den Fall der Zahlungsunfähigkeit des Unternehmers oder 2. für Gegenforderungen des Verbrauchers, die a) in rechtlichem Zusammenhang mit einer Verbindlichkeit des Verbrauchers stehen oder b) gerichtlich festgestellt oder c) vom Unternehmer anerkannt worden sind.

bb) gesetzliche Aufrechnungsverbote

- § 1440: eigenmächtig oder listig entzogene, entlehnte, in Verwahrung oder Bestand genommene Sachen (zum Letzten auch § 1109 S 2); ausgeschlossen ist die Aufrechnung *gegen* die Forderung auf Rückgabe, das Verbot gilt also nur einseitig für den Dieb, Verwahrer usw.

  > **Beispiel:**
  > A hat für B 100 verwahrt (Forderung des B = Rückgabe der 100). Gleichzeitig hat A gegen B eine Forderung von 100 aus einem Darlehen. A kann nicht mit der Darlehensforderung gegen die Forderung des B aus der Verwahrung aufrechnen. Wohl aber kann B mit der Forderung auf Rückgabe gegen die Darlehensforderung des A aufrechnen.

  > **Beachte:**
  > In diesen Fällen ist auch ein Zurückbehaltungsrecht (§ 471) ausgeschlossen (dazu ORAC Rechtsskriptum „Sachenrecht" BT 1. Abschnitt E.I.2.a)gg)).

- Gegen Forderungen des Staates kann nur mit einer Forderung aufgerechnet werden, für welche dieselbe Zahlstelle zuständig ist (§ 1441);
- die Aufrechnung *gegen unpfändbare* Forderungen ist über weite Teile unzulässig (vgl § 293 Abs 3 EO), zB Lohn- oder Unterhaltsforderungen;
- § 1442: mehrfache Zession (hintereinander!), der Zessus kann nur mit jenen (Gegen)Forderungen aufrechnen, die er zum Zeitpunkt der Verständigung von der Zession gegen den ersten Zedenten hatte und die er gegen den letzten Zessionar hat. Mit Forderungen gegen die dazwischen liegenden Inhaber des Forderungsrechts kann er nicht aufrechnen.

Beachte:
Dieser Fall der mehrfachen Zession hat nichts mit der Doppelzession zu tun!

E. Vereinigung

I. Begriff

Vereinigung (= Konfusion) liegt vor, wenn der Sch und der Gl zu **einer Person** werden (§ 1445). Praktisch wichtiger Fall: Der Sch beerbt den Gl oder umgekehrt.

II. Rechtsfolgen

1. Nachdem eine Forderung bzw Verbindlichkeit gegen sich selbst nicht bestehen kann, bewirkt die Vereinigung das **Erlöschen** der Schuld/Forderung.
2. *Ausnahmen* (§ 1445: „Verhältnisse von ganz verschiedener Art"):
   a) *Inhaber- und Orderpapiere* (zB Wechsel): Erhält der Sch das Papier, so „ruht" die Forderung. Begibt der Sch das Papier (durch Indossament) an einen Dritten, so lebt die im Wertpapier verkörperte Forderung wieder auf.
   b) § 1446: Besonderheiten des Grundpfandrechts (§ 470: „forderungsbekleidete *Eigentümerhypothek*"; dazu ORAC Rechtsskriptum „Sachenrecht" BT 2. Abschnitt B.II.6.).
   c) *Der Gl beerbt den Sch*: Der Gl hat die Möglichkeit der Nachlassseparation (§ 812), dh, das Vermögen des Sch (= Erblasser) und jenes des Gl (= Erbe) bleiben getrennt; die Forderung des Gl erlischt nicht, er kann sie gegen den Nachlass geltend machen (näher ORAC Rechtsskriptum „Erbrecht" 10. Abschnitt F.VI.).
   d) *Der Sch beerbt den Gl*: an den Rechten der Erbschaftsgläubiger, Miterben oder Vermächtnisnehmer ändert sich nichts (§ 1445 S 2), dh, die Forderung des verstorbenen Gl wird Teil der Nachlassaktiva (= der erbende Sch muss an die Erbschaftsgläubiger zahlen).
   e) *Bürgschaft*: Beerbt der Gl den Sch, so kann er trotzdem die Forderung gegen den Bürgen geltend machen. Beerbt der Bürge den Sch, haftet er dem Gl weiterhin, selbst wenn er eine bedingte Erbantrittserklärung abgegeben hat.

F. Verzicht

Mit dem Verzicht (= Entsagung, Schulderlass) ist die Forderung des Gl erloschen. Der Verzicht bedarf selbst bei Unentgeltlichkeit (der Gl „schenkt" dem Sch die Forderung) der *Zustimmung* des Sch, ist also ein **Vertrag** (str). Der Gl erklärt, er wolle die Forderung nicht mehr, und der Sch stimmt zu. Der Verzicht bedarf *nicht* derselben Form, in der die Forderung begründet wurde (kein contrarius actus erforderlich). Selbst der unentgeltliche Verzicht soll formlos, sogar konkludent erfolgen können (zweifelhaft, wenn man an die vergleichbare Schenkung [ohne Übergabe] denkt: Notariatsakt!).

Beachte:
Verzichtbar sind nur einzelne Ansprüche, nicht aber das Schuldverhältnis als solches (= Summe von Ansprüchen). Soll das Schuldverhältnis beendet werden, bedarf es einer einvernehmlichen Auflösung (s auch oben 1. Abschnitt C.II.). Die Vertragsnatur des Verzichts lässt sich damit begründen, dass im ABGB auch sonst unentgeltliche Zuwendungen der Zustimmung des Empfängers bedürfen (Schenkung = Vertrag! Vgl auch § 882 Abs 1).

G. Zeitablauf und Kündigung

Diese Endigungsgründe haben nur bei Dauerschuldverhältnissen Bedeutung. Siehe dazu oben 1. Abschnitt C.II.

H. Zufälliges Unmöglichwerden

Für § 1447 siehe schon oben 4. Abschnitt B.IV.

I. Tod

Das Erlöschen von Forderungen/Verbindlichkeiten durch Tod des Gl oder des Sch ist die Ausnahme. Im Regelfall sind sie vererblich, gehen also auf die Erben über (vgl § 1448). *Tod des Sch:* Erlöschen der Schuld nur bei **höchstpersönlichen** Schulden (zB Dienstleistungen oder Auftrag [§ 1022]). Alle anderen Schulden gehen auf die Erben über. *Tod des Gl:* kein Erlöschen der Forderung (es gibt aber Ausnahmen, zB wieder § 1022).

Im Einzelnen s dazu ORAC Rechtsskriptum „Erbrecht".

J. Insolvenz

Die Insolvenz bewirkt grundsätzlich nicht das Erlöschen von Forderungen bzw Verbindlichkeiten (Ausnahme etwa § 1024). Beachte aber folgende Besonderheiten (§§ 14, 21 IO lesen!):

- terminisierte Forderungen werden mit Eröffnung des Insolvenzverfahrens fällig (oben 3. Abschnitt B.I.);
- alle Forderungen werden zu Geldforderungen;
- nicht bzw nicht vollständig erfüllte gegenseitige Verträge: Der Insolvenzverwalter kann a) anstelle des Sch den Vertrag erfüllen und vom Vertragspartner des Sch Erfüllung verlangen oder b) vom Vertrag zurücktreten. Tritt der Insolvenzverwalter zurück, bekommt der Vertragspartner einen Schadenersatzanspruch, den er als Insolvenzforderung geltend machen muss (damit bekommt er regelmäßig nur mehr eine geringe Quote seiner ursprünglichen Forderung).

Kontrollpunkte:

✓ Erfüllung
  - Übereinstimmung
  - Leistung an Gl
  - Erfüllung und Geschäftsfähigkeit
  - Leistung durch Sch
  - Gegenpflichten

✓ Hinterlegung

✓ Leistung an Zahlungs statt vs Leistung zahlungshalber

- ✓ Aufrechnung
  - Begriff und Zweck
  - einverständliche vs einseitige Aufrechnung
  - Gegenseitigkeit
  - einseitige Aufrechnung zusätzliche Voraussetzungen
    - Aufrechnungserklärung
    - Gültigkeit
    - Gleichartigkeit
    - Fälligkeit
    - Aufrechnungsverbote
- ✓ Vereinigung
- ✓ Verzicht
- ✓ (Zeitablauf und Kündigung, zufälliges Unmöglichwerden)
- ✓ Tod
- ✓ Insolvenz

Sechster Abschnitt: Umänderung der Rechte und Verbindlichkeiten

A. Umänderung durch Vereinbarung zwischen Gläubiger und Schuldner

I. Novation

1. Begriff

Zur Novation eines Schuldverhältnisses kommt es dann, wenn der **Rechtsgrund** oder der **Hauptgegenstand** der Forderung geändert wird, ohne dass eine dritte Person zum Schuldverhältnis hinzutritt (§ 1376). Eine Novation liegt zB dann vor, wenn eine Kaufpreisschuld in eine Darlehensschuld umgewandelt wird (**Änderung des Rechtsgrundes**). Eine **Änderung des Hauptgegenstandes** des Vertrages führt nur dann zur Novation, wenn sie von wirtschaftlicher Bedeutung ist.

Beispiel:
Novation tritt ein, wenn der ursprüngliche Kaufvertrag über ein antikes Möbelstück durch einen Vertrag über eine moderne Sitzgarnitur ersetzt wird. Wird hingegen beim Autokauf nur die ursprünglich gewünschte Farbe durch eine andere ersetzt, kommt es zu keiner Novation, sondern zu einer Schuldänderung – hiezu s sogleich unten II.

2. Wirkung

a) Mit der Novation **erlischt** die alte Verbindlichkeit und wird durch eine neue ersetzt. Die Entstehung der neuen Verbindlichkeit ist vom Bestehen der alten **abhängig**: Hat die ursprüngliche Verbindlichkeit nicht bestanden – die Parteien nehmen zB irrigerweise an, einen Kaufvertrag abgeschlossen zu haben, der in Wahrheit von zwei ganz anderen Personen geschlossen wurde –, so wird durch die Novation keine neue Verbindlichkeit begründet; die Novation ist wirkungslos. **Einreden** gegen die alte Verbindlichkeit können daher auch gegen die neue erhoben werden.

b) Die Novation führt zum **Erlöschen der** für das ursprüngliche Schuldverhältnis bestellten **Sicherungsrechte** wie zB Bürgschaft und Pfand. Anderes gilt nur dann, wenn die Sicherungsgeber der Novation zustimmen (§ 1378). Durch diese Regelung soll verhindert werden, dass die Novation das vom Sicherungsgeber übernommene Risiko vergrößert. (Einige Autoren plädieren daher dafür, die Sicherungsrechte dann aufrecht bestehen zu lassen, wenn es durch die Novation zu keiner Vergrößerung des ursprünglich übernommenen Risikos kommt.)

II. Schuldänderung

1. Eine bloße Schuldänderung und keine Novation liegt dann vor, wenn die Parteien weder den Rechtsgrund noch den Hauptgegenstand, sondern nur eine oder mehrere **Nebenbestimmungen** der Verbindlichkeit ändern.
2. Sie unterscheidet sich von der Novation vor allem dadurch, dass die Sicherungsrechte weiter bestehen; durch die Schuldänderung darf die Position der Sicherungsgeber aber nicht verschlechtert werden (§ 1379). Kommt es zu einer solchen Verschlechterung, haften sie nur im ursprünglichen Umfang weiter. Wird der Zinsfuß eines Darlehens von 4 % auf 5 % erhöht, so haftet der Bürge, der dieser Erhöhung nicht zugestimmt hat, weiter nur für 4 %.

Beachte:
Im Zuge des GRUG wird § 27 VGG neu eingeführt. Er regelt die Änderung digitaler Leistungen, die nach dem Vertrag fortlaufend über einen bestimmten oder unbestimmten Zeitraum bereitzustellen sind. Diese Regelung verdrängt auch § 6 Abs 2 Z 3 KSchG (ErlBRV 949 BlgNR XXVII. GP 37).

III. Vergleich

1. Begriff

Ein Vergleich ist ein Vertrag, in dem unter **Nachgeben beider Parteien** eine Vereinbarung über **strittige oder zweifelhafte Rechte** getroffen wird (§ 1380). Gibt nur eine Partei nach oder sind die Rechtspositionen der Parteien gewiss, so liegt entweder ein Anerkenntnis oder ein Verzicht, aber kein Vergleich vor.

Ein Vergleich kann nur über solche Rechte geschlossen werden, die zur Disposition der Parteien stehen; daher kann zB über den Bestand der Ehe kein Vergleich geschlossen werden (§ 1382). Über Unterhaltsansprüche kann nur insoweit ein Vergleich geschlossen werden, als sie verzichtbar sind.

2. Wirkung

Der Vergleich wirkt **konstitutiv**; durch ihn wird eine neue Rechtslage, also eine neue **causa**, geschaffen. Im Unterschied zur Novation werden Sicherungsrechte durch den Vergleich nicht berührt. Bürgen und Pfandbestellern bleiben jedoch **alle Einreden erhalten**, welche sie ohne Vergleich dem Gl entgegenhalten hätten können; ihre Haftung kann durch den Vergleich ohne ihre Zustimmung nicht erweitert werden (§ 1390).

3. Einschränkung der Irrtumsanfechtung

a) Ein Irrtum der Parteien über die von beiden Seiten für unzweifelhaft gehaltenen Punkte, also die **Vergleichsgrundlage**, berechtigt zur Anfechtung des Vergleichs. Da es sich hierbei um einen Fall des Wegfalls der Geschäftsgrundlage handelt, kann die Anfechtung auch dann erfolgen, wenn die sonstigen Voraussetzungen der §§ 871 ff nicht gegeben sind. Ein **Erklärungsirrtum** kann bei Vorliegen sonstiger Voraussetzungen als Anfechtungsgrund genommen werden.

b) Ein Irrtum über die **strittigen Punkte** berechtigt nur dann zur Anfechtung, wenn eine Partei den Irrtum unredlicherweise – zB durch listiges Verheimlichen von Unterlagen oder durch Zwang – herbeigeführt hat (§ 1387). Eine Anfechtung wegen laesio enormis ist durch § 1386 ausgeschlossen.

IV. Anerkenntnis

1. Konstitutives Anerkenntnis

a) Ein Anerkenntnis ist ein Feststellungsvertrag, in dem eine Partei der anderen ein ursprünglich von ihr bezweifeltes oder bestrittenes Recht zugesteht. Der Unterschied zum Vergleich liegt darin, dass **nur eine Partei nachgibt**. Die Auswirkungen des Anerkenntnisses auf Sicherungsrechte sind dieselben wie beim Vergleich.

b) Durch ein Anerkenntnis wird ein **neuer Rechtsgrund** geschaffen, das Anerkenntnis ist **konstitutiv**. Der neue Rechtsgrund ist jedoch von derselben Art wie der Rechtsgrund, aus dem sich die Forderung, die anerkannt wird, abgeleitet hat: Wird eine behauptete Darlehensschuld anerkannt, so handelt es sich bei der durch das Anerkenntnis begründeten Schuld ebenfalls um eine Darlehensschuld.

Die Konstitutivität des Anerkenntnisses bewirkt, dass die Gültigkeit der neuen Verbindlichkeit vom Bestand der ursprünglichen Schuld **unabhängig** ist.

Beachte:
Abstrakte Anerkenntnisse, die **ohne Zusammenhang mit einem zweifelhaften oder strittigen Recht** abgegeben werden, sind ungültig, da im österreichischen Recht abstrakte Rechtsgeschäfte in der Regel unzulässig sind. Ausnahmen sind die angenommene Anweisung (hiezu s unten 7. Abschnitt E.III.3.) und die Garantie (hiezu s unten 7. Abschnitt D.).

c) Ein Anerkenntnis muss nicht ausdrücklich erfolgen, es kann unter den Voraussetzungen des § 863 auch **konkludent** abgegeben werden. Das Anerkenntnis ist unter denselben Voraussetzungen anfechtbar wie ein Vergleich.

2. Deklaratorisches Anerkenntnis

Vom echten, konstitutiven Anerkenntnis wird das **unechte, bloß deklaratorische** Anerkenntnis unterschieden. Während das konstitutive Anerkenntnis durch eine **Willenserklärung** des Schuldners zustande kommt, stellt das unechte Anerkenntnis bloß eine **Wissenserklärung** des Schuldners über den Bestand der Schuld dar: Der Sch gibt dem Gl bekannt, dass seines Wissens nach die Schuld bestehe. Das deklaratorische Anerkenntnis gibt dem Gl keinen neuen Rechtsgrund für seine Forderung; es verschiebt jedoch die **Beweislast** im Prozess: Hat der Gl üblicherweise den Bestand einer Forderung zu beweisen, so muss der Sch, der ein deklaratorisches Anerkenntnis abgegeben hat, den Nichtbestand der Forderung durch Widerlegung des Anerkenntnisses beweisen. Ob ein konstitutives oder bloß deklaratorisches Anerkenntnis vorliegt, ist durch **Auslegung** zu ermitteln.

Nach der E eines verstärkten Senats kommt durch das Unterlassen der in den damaligen AGB der österreichischen Banken geforderten Reklamation auf Rechnungsabschlüsse in der Regel nur ein deklaratorisches Anerkenntnis zustande.

B. Veränderung in der Gläubigerposition – Zession

I. Begriff und Funktion

1. Definition

Zession (Forderungsabtretung, vgl §§ 1392 ff) ist die Übertragung einer Forderung vom ursprünglichen Gl (= Zedent) auf einen neuen Gl (= Zessionar). Nach erfolgter Zession kann nur mehr der Zessionar die Forderung gegen den Sch (= [debitor] cessus) geltend machen, nicht mehr hingegen der Zedent. Die Forderung selbst bleibt inhaltlich unverändert.

2. Zustandekommen

a) Die Zession ist ein **kausales Verfügungsgeschäft**; sie bedarf daher eines **gültigen Titels**. Dieser Titel ist in der Regel ein Vertrag (zB Kauf- oder Schenkungsvertrag) zwischen Zedent und Zessionar. Der Titel kann sich jedoch auch aus dem Gesetz ergeben – **gesetzliche oder Legalzession** (hiezu s unten 8.). Die Durchführung des Verfügungsgeschäftes erfolgt formlos. Ein Übergabemodus ist jedoch für Forderungen, deren Geltendmachung nur dem Besitzer einer die Forderung verbriefenden Urkunde möglich ist, vorgeschrieben: Dem Zessionar muss in diesem Fall die Urkunde, in der die Forderung verbrieft ist (zB Wertpapier), übergeben werden.

Beachte:

Soll eine Forderung **schenkungsweise** übertragen werden, so bedarf es zur Gültigkeit des Verpflichtungsgeschäfts nach § 1 Abs 1 NotAktsG entweder der wirklichen Übergabe oder der Errichtung eines Notariatsaktes. Worin besteht aber die wirkliche Übergabe einer Forderung? Nach hA muss sie in Form einer Übergabe durch Zeichen durchgeführt werden, also zB eine Abtretungsurkunde errichtet oder der Sch von der Zession verständigt werden.

b) Eine **Verständigung des Schuldners** ist für die Gültigkeit der Zession nicht erforderlich. (Solange der Sch von der Zession aber nicht verständigt wurde, kann er weiter schuldbefreiend an den Altgläubiger leisten – hiezu s sogleich unten 4.c.)

Beachte:

Eine Ausnahme gilt für die **Sicherungszession** (hiezu s sogleich unten II.1.): Hier ist bei Forderungen, die nicht verbrieft und auch keine Buchforderungen sind, die Verständigung des Schuldners die einzige Möglichkeit, dem **Publizitätsprinzip** Genüge zu tun.

3. Welche Forderungen sind abtretbar?

a) Alle Forderungsrechte außer den höchstpersönlichen Rechten sind abtretbar. Zu den nicht abtretbaren höchstpersönlichen Rechten zählen beispielsweise Ansprüche familienrechtlicher Natur und Unterhaltsansprüche. Nur beschränkt abtretbar sind **Gestaltungsrechte**; ein Beispiel für abtretbare Gestaltungsrechte sind **Gewährleistungsrechte** wie das Auflösungs- und das Preisminderungsrecht. So tritt zB beim Leasing oftmals der Leasinggeber seine Gewährleistungsrechte gegen den Lieferanten an den Leasingnehmer ab.

b) Nicht abgetreten werden können **Sachenrechte**: Sie unterliegen besonderen Übertragungsvorschriften (§§ 426 ff).

c) Eine Reihe von Gesetzesbestimmungen enthalten **Abtretungsverbote**: Nicht abtretbar sind nach § 1070 das Wiederkaufsrecht, nach § 1071 das Rückverkaufsrecht, nach § 42 Abs 2 MRG Mietzinsforderungen, die dem MRG unterliegen, nach § 12 KSchG Lohn- und Gehaltsansprüche eines Verbrauchers an einen Unternehmer zur Sicherung oder Befriedigung seiner noch nicht fälligen Forderungen. Eine entgegen dem Verbot vorgenommene Abtretung ist unwirksam.

d) Erst **in der Zukunft entstehende** Forderungen können abgetreten werden; sie müssen jedoch **ausreichend bestimmt** werden; diesem Erfordernis ist zB dann Genüge getan, wenn **alle** Forderungen eines Unternehmers abgetreten werden (s unten II.2.).

e) Umstritten ist die Wirkung der vertraglichen Vereinbarung eines Abtretungsverbotes zwischen Sch und Gl. Nach der Rsp des OGH wirkt das Abtretungsverbot **absolut**: Eine dennoch vorgenommene Zession kommt nicht gültig zustande. Nach Teilen der L kommt dem Verbot nur **relative Wirkung** zu: Der zedierende Gl wird dem Sch zwar schadenersatzpflichtig, die Zession ist jedoch gültig.

Für einen **Teilbereich** des Zessionsrechts hat der Gesetzgeber eine gesetzliche Regelung der Wirkung von Zessionsverboten aufgestellt. Nach **§ 1396a Abs 1** ist eine Vereinbarung, wonach eine **Geldforderung** zwischen Unternehmern **aus unternehmerischen Geschäften** nicht abgetreten werden darf, nur verbindlich, wenn sie im Einzelnen ausgehandelt worden ist und den Gläubiger unter Berücksichtigung aller Umstände des Falles nicht gröblich benachteiligt. (Ein in AGB enthaltenes Zessionsverbot ist in diesen Fällen also unwirksam.) Einem solchen Zessionsverbot kommt aber nach § 1396a Abs 1 S 2 nur **relative** Wirkung zu; sobald die Abtretung und der Übernehmer dem Schuldner bekannt gemacht worden sind, kann dieser schuldbefreiend nur mehr an den Zessionar leisten.

4. Wirkung der Zession

a) Durch die Zession wird die Schuld inhaltlich nicht verändert (§ 1394).

b) Die Nebenrechte der Forderung (zB Pfandrecht, Bürgschaft) gehen auf den Zessionar über. Strittig ist, ob der Übergang des **Pfandrechts automatisch** erfolgt oder die Durchführung eines Traditionsaktes (zB Einverleibung bei Pfandrechten an Liegenschaften) notwendig ist. Mehrere Positionen werden vertreten. Die Rsp nimmt zumindest bei der cessio legis nach § 1358 und § 1422 (s hiezu unten 8. a) und b) einen eo-ipso-Übergang an.

Beachte:

Hat der Zedent seine Forderung dadurch gesichert, dass er einen **Eigentumsvorbehalt** vereinbart hat, so ist strittig, ob der Zessionar das „vorbehaltene" Eigentum nur durch eigenen sachenrechtlichen Übertragungsakt erwerben kann. Nach der überwiegenden Rsp braucht es einen solchen nicht. Die L steht dem zT kritisch gegenüber. Die Eigentumsübertragung würde in der Regel durch **Besitzanweisung** geschehen: Der cessus wird angewiesen, die Sache künftig nicht mehr für den Zedenten, sondern für den Zessionar innezuhaben.

Strittig ist auch, inwieweit **Sicherungseigentum** mit Zession der gesicherten Forderung automatisch auf den Zessionar übergeht oder eine gesonderte Übertragung erforderlich ist.

c) Da sich seine Position nicht verschlechtert, muss der Sch der Zession nicht zustimmen. Bis zur **Verständigung** von der Abtretung kann er aber weiter schuldbefreiend an den Zedenten leisten (§ 1395), danach nur mehr an den Zessionar. Bis zu diesem Zeitpunkt kann er auch sonstige Vereinbarungen mit dem Zedenten treffen; auch ein Verzicht des Altgläubigers wäre wirksam, würde diesen aber gegenüber dem Zessionar schadenersatzpflichtig machen.

Wird der Sch von einer Zession verständigt, die in Wirklichkeit gar nicht stattgefunden hat, so wird sein Vertrauen auf die Richtigkeit der Verständigung nach der Rsp dann geschützt, wenn die unrichtige Abtretungsverständigung dem Zedenten zurechenbar ist.

5. Einwendungen des Schuldners

a) Der Sch kann dem Zessionar alle Einwendungen aus seinem Verhältnis zum Zedenten (zB die Gewährung einer Stundung) entgegenhalten, die vor der Verständigung von der Zession bereits begründet waren. Er kann auch mit allen Forderungen aufrechnen, die bis zur Verständigung von der Abtretung gegen den Zedenten entstanden sind. Dies gilt auch dann, wenn die abgetretene Forderung erst nach der Verständigung **fällig** wird.

Beachte:

Strittig ist, welche Regelung zur Anwendung kommt, wenn die abgetretene Forderung erst nach der Verständigung entsteht (Beispiel: Abtretung zukünftiger Forderungen). Nach Ansicht des OGH kann der cessus in diesem Fall mit all jenen Forderungen aufrechnen, die bis zum Entstehen der abgetretenen Forderung existent werden; eine aA stellt hingegen auch in diesem Fall auf den Zeitpunkt der Verständigung ab. Beispiel: Verständigung von der Abtretung erfolgt am 1. 3.; die abgetretene Forderung entsteht am 5. 3., die Gegenforderung des cessus am 3. 3. Nach Ansicht des OGH kann er aufrechnen, nach der aA wäre eine Aufrechnung unzulässig.

b) Einwendungen aus dem Verhältnis zwischen Zedent und Zessionar kann der Sch nur insoweit geltend machen, als sie die **Gültigkeit der Zession** betreffen; zB fehlende Geschäftsfähigkeit des Zessionars.

c) Eigene Einwendungen aus seinem Rechtsverhältnis zum Zessionar kann der Sch wiederum unbeschränkt geltend machen; Beispiel: Aufrechnungseinrede.

d) Anerkenntnis nach § 1396 S 2: Keine Einwendungen gegen den Bestand und die Höhe der Forderung kann der debitor cessus jedoch erheben, wenn er die Forderung gegenüber dem Zessionar für richtig erkannt hat.

Beachte:
Nach wohl überwiegender Ansicht wird der Zessionar nach § 1396 S 2 in seinem Vertrauen auf die Richtigkeit der Forderung geschützt (Vertrauenstatbestand) und verliert der Zessus durch die Anerkennung (nur) die ihm zu diesem Zeitpunkt bekannten Einwendungen, wenn der Zessionar im Vertrauen auf die Anerkennung des Schuldners die Forderung erworben hat.

6. Gewährleistung des Zedenten

Die §§ 1397 ff enthalten – dispositivrechtliche – Gewährleistungsvorschriften für die Zession, die als leges speciales den §§ 922 ff vorgehen. Nach § 1397 haftet der Zedent bei **entgeltlicher Abtretung** für **Richtigkeit** und **Einbringlichkeit** der zedierten Forderung. Die Einbringlichkeit der Forderung muss im Zeitpunkt der Abtretung gegeben sein; wird die Forderung erst danach fällig, so ist dieser spätere Zeitpunkt maßgebend. Die Höhe der Haftung ist mit dem für die Forderung bezahlten Preis begrenzt. Keine Gewährleistungsverpflichtung besteht bei **unentgeltlicher Zession**.

7. Rechtsfolgen der Mehrfachzession

a) Zediert ein Gl eine Forderung zweimal, so erwirbt nur der erste Zessionar die Forderung. Die zweite Zession ist wirkungslos, da die Forderung nicht mehr Bestandteil des Vermögens des Zedenten ist, dieser sie nach dem Satz „nemo plus iuris transferre potest quam ipse habet“ dem zweiten Zessionar daher nicht mehr übertragen kann.

b) Wird der Sch nicht von der ersten, sondern nur von der zweiten Zession verständigt, so kann er schuldbefreiend an den zweiten Zessionar leisten. Dem ersten Zessionar steht gegen den zweiten ein **Verwendungsanspruch** zu, da eine ihm zugewiesene Sache zum Nutzen des Scheingläubigers verwendet worden ist. Zusätzlich kann der Scheingläubiger schadenersatzpflichtig werden.

c) Einen **gutgläubigen Erwerb** von Forderungen gibt es nicht, da dies auf einen Vertrag zu Lasten eines Dritten hinauslaufen würde. Diese Grundregel wird jedoch von **Ausnahmen** durchbrochen: Wird eine zum Schein begründete Forderung an einen gutgläubigen Zessionar abgetreten, erwirbt dieser nach § 916 Abs 2 eine Forderung gegen den debitor cessus. Gutgläubig kann auch eine bereits bezahlte, aber im Grundbuch noch nicht gelöschte Hypothekarforderung (forderungsentkleidete Eigentümerhypothek, hiezu s ORAC Rechtsskriptum „Sachenrecht“ BT 2. Abschnitt B.II.5.a)) erworben werden.

8. Gesetzliche Zession

Kraft ausdrücklicher gesetzlicher Anordnung kommt es in einer Reihe von Fällen zum Forderungsübergang, ohne dass es einer rechtsgeschäftlichen Abtretung bedürfte (= **cessio legis**).

a) Nach **§ 1358** tritt derjenige, der eine fremde Schuld bezahlt, für die er persönlich oder mit bestimmten Vermögensstücken haftet, in die Rechte des Gl ein. Die Forderung des Gl geht auf ihn über und er kann sie gegen den Sch geltend machen. (Zum Übergang der Nebenrechte s oben 4. c).)

b) Wer die Schuld eines anderen, für die er nicht haftet, bezahlt, kann vor oder bei Zahlung vom Gl die Abtretung seiner Rechte verlangen; hat er dies getan, wirkt die Zahlung nach **§ 1422** als Einlösung der Forderung.

c) **§ 332 ASVG** sieht eine Legalzession im Sozialversicherungsrecht vor: Soweit der Versicherungsträger verpflichtet ist, Leistungen an einen Geschädigten, dem Schadenersatzansprüche gegen den

Schädiger zustehen, zu erbringen, gehen die Ansprüche des Geschädigten gegen den Schädiger im Zeitpunkt des schädigenden Ereignisses (materieller Eintritt des Versicherungsfalls) auf den Versicherungsträger über.

d) Nach **§ 67 VersVG** geht ein Schadenersatzanspruch des Versicherungsnehmers gegen einen Dritten auf den Versicherer über, soweit dieser dem Versicherungsnehmer den Schaden ersetzt.

II. Sonderformen der Forderungsabtretung

1. Sicherungszession

a) Eine Forderungsabtretung kann auch zu Sicherungszwecken erfolgen. Häufig ist eine derartige Sicherungszession im Kreditvertragsrecht: Der Kreditnehmer zediert seinem Kreditgeber Forderungen, die ihm gegen Dritte zustehen, die dem Kreditgeber sodann als Sicherheit für den vergebenen Kredit dienen. Bezahlt der Zedent seine Schuld nicht rechtzeitig, zieht der Zessionar die Forderungen ein und befriedigt sich auf diese Weise.

b) Da die Sicherungszession wirtschaftlich denselben Zweck wie eine Forderungsverpfändung verfolgt, unterliegt sie den Vorschriften über die Begründung des Pfandrechts; sie kommt nur dann gültig zustande, wenn dem **Publizitätsprinzip** Genüge getan wird. Dies geschieht durch **Verständigung des Schuldners von der Zession**, durch **Anmerkung der Zession in den Büchern des Gläubigers** oder – bei verbrieften Forderungen – durch **Übergabe der Urkunde**.

c) Wird die Publizität nicht hergestellt, kommt die Sicherungszession nicht zustande, so dass die Forderung gültig an einen anderen Zessionar abgetreten werden kann.

> **Beachte:**
> Eine solche zweite Zession macht den Zedenten selbstverständlich im Innenverhältnis dem Sicherungszessionar gegenüber schadenersatzpflichtig; dieser Schadenersatzanspruch wird mangels Liquidität des Zedenten aber meist uneinbringlich sein. – Nach der Rsp kann der Zweitzessionar dem Erstzessionar trotz der Unwirksamkeit der an diesen erfolgten Sicherungszession nach den Grundsätzen über die Verletzung fremder Forderungsrechte schadenersatzpflichtig werden!

d) Nach dem Wegfall des Sicherungszwecks ist der Zessionar zur Rückübertragung der Forderung verpflichtet. Oft wird auch vereinbart, dass die Forderung in diesem Fall automatisch wieder auf den Zedenten übergeht.

2. Globalzession

Bei der Globalzession wird nicht nur eine einzelne Forderung abgetreten, sondern eine größere Anzahl von Forderungen. Voraussetzung für die Gültigkeit der Globalzession ist die **ausreichende Bestimmtheit** der abgetretenen Forderungen; diese ist zB dann gegeben, wenn alle Forderungen eines bestimmten Unternehmers abgetreten werden. Globalzessionen erfolgen meist zu Sicherungszwecken, also als Sicherungszession.

3. Stille Zession

Von einer stillen Zession wird gesprochen, wenn die Verständigung des Schuldners von der Abtretung unterbleiben soll. Eine solche Abrede ist unproblematisch, solange der Schuldner von der Zession nichts erfährt, da er aufgrund von § 1395 weiter schuldbefreiend an den Zedenten leisten kann. Erfährt der Schuldner jedoch von der Abtretung, so darf er nur noch an den Zessionar zahlen.

Beachte:
Zedent und Zessionar können das von ihnen angestrebte Ergebnis aber dadurch herbeiführen, dass sie den Forderungsübergang an die Bedingung der Verständigung des Schuldners durch den Zessionar knüpfen; erfährt der cessus in diesem Fall – auf andere Weise als im Wege einer Verständigung durch den Zessionar – von der Zession, so schadet dies nicht, da Forderungsinhaber ja noch der Zedent ist, weil die für den Forderungsübergang notwendige Bedingung noch nicht eingetreten ist.

4. Inkassozession

Eine Inkassozession liegt vor, wenn der Zessionar verpflichtet ist, die Forderung einzuziehen und das Erhaltene an den Zedenten zu übertragen. Die Inkassozession ist ein Sonderfall der **Treuhand**. Der Zedent hat in der Insolvenz des Zessionars ein Aussonderungsrecht.

5. Factoring

Als Factoring bezeichnet man jenen Geschäftstyp, bei dem ein Factor, meist eine Bank, die Forderungen eines Unternehmens zB aus Warenlieferungen durch Zession gegen Leistung eines bestimmten Gegenwertes übernimmt und nach Fälligkeit eintreibt. Mit dem Factoring können verschiedene Zwecke verfolgt werden: Es erspart dem Kunden jedenfalls die Mahnung und Eintreibung der Forderung. Darüber hinaus kann der Factor auch das Risiko der Insolvenz des Schuldners übernehmen; dann liegt ein sogenanntes **echtes Factoring** vor.

Beachte:
In der Jud und Lit ist die rechtliche Qualifikation des Factoring strittig; so qualifiziert der OGH in der E 2 Ob 504/94 den Factoringvertrag als Forderungskaufvertrag (vgl unter Verweis auf diese E auch 3 Ob 116/08t, wonach dies „üblicherweise" so sei), in der E 8 Ob 619/92 hingegen als Kreditvertrag mit sicherungsweiser Forderungsabtretung. In beiden Fällen betont das Höchstgericht aber, dass die Qualifikation sehr von den Umständen des Einzelfalls und der gewählten Vertragskonstruktion abhängt.

C. Veränderungen in der Schuldnerposition – Schuldübernahme

I. Vorstufen der Schuldübernahme

1. Eine **Erfüllungsübernahme** (§ 1404) liegt dann vor, wenn sich jemand durch Vereinbarung mit dem Sch dazu verpflichtet, die geschuldete Leistung an den Gl zu erbringen. Die Erfüllungsübernahme wirkt nur **intern**, der Gl hat keinen Anspruch gegen den Übernehmer, er muss dessen Leistung nach § 1423 aber annehmen.
2. Der **Schuldbeitritt** (kumulative Schuldübernahme) unterscheidet sich durch seine **Außenwirkung** von der Erfüllungsübernahme: Er gibt dem Gl das Recht, auch den neuen Sch in Anspruch zu nehmen. Daneben haftet der alte Sch aber weiter. Nach der Rsp ist der Schuldbeitritt mitunter formpflichtig: Die Erklärung des Beitretenden muss dann schriftlich abgegeben werden (OGH 4 Ob 205/09i; vgl aber auch 2 Ob 26/19s).

II. Eigentliche Schuldübernahme

1. Bei der **privativen (= befreienden) Schuldübernahme** (§ 1405) wird der ursprüngliche Sch durch einen neuen Sch ersetzt, der die Schuld des alten Schuldners übernimmt; dieser scheidet aus dem Schuldverhältnis aus. Die privative Schuldübernahme setzt die **Zustimmung** des Gl voraus, da sie

seine Position verschlechtern kann; dies ist zB dann der Fall, wenn die Bonität des neuen Schuldners schlechter als die des alten ist.

2. Die Schuldübernahme kann entweder durch Vertrag zwischen dem Gl und dem neuen Sch (§ 1406 Abs 1) oder durch Vereinbarung zwischen altem und neuem Sch zustande kommen, die allerdings der Einwilligung des Gl bedarf. Unterbleibt die Einwilligung, kommt es zur Erfüllungsübernahme (§ 1405 S 2; hiezu s oben I.1.). Im Zweifel gilt eine Übernahmserklärung als kumulative und nicht als privative Schuldübernahme (§ 1406 Abs 2).

3. Stimmen Bürgen und Pfandbesteller der privativen Schuldübernahme nicht zu, so fällt ihre Haftung weg. Sonstige Nebenrechte, wie zB Zinsenforderungen, bleiben jedoch aufrecht.

III. Der gesetzliche Schuldbeitritt des § 1409

1. Einen Schuldbeitritt des **Übernehmers eines Vermögens oder Unternehmens** ordnet § 1409 an: Der Übernehmer haftet zwingend neben dem Veräußerer den Gläubigern der zum Vermögen oder Unternehmen gehörigen Schulden, die er bei Übergabe kannte oder kennen musste.

Beachte:

Während normalerweise der Gl Kenntnis bzw Kennenmüssen nachzuweisen hat, gilt nach § 1409 Abs 2 für bestimmte nahe Angehörige eine Beweislastumkehr: Sie müssen sich „freibeweisen“, also nachweisen, dass ihnen die Schulden bei Übergabe weder bekannt waren noch bekannt sein mussten.

Beachte:

Speziell für den Übergang eines Unternehmens finden sich daneben noch Parallelbestimmungen in §§ 38 f UGB. Die Rechtsstellung des Erben bei Unternehmensfortführung regelt § 40 UGB.

2. Durch diese Vorschrift soll verhindert werden, dass den Gläubigern des Übertragenden der Haftungsfonds genommen wird. Die Haftung ist mit dem Wert des übernommenen Vermögens oder Unternehmens begrenzt. Nach der Rsp entfällt eine Haftung des Erwerbers, wenn der mit dem Übergeber vereinbarte Kaufpreis oder das sonstige Entgelt dem Wert des übernommenen Vermögens oder Unternehmens entspricht und zur Gänze zur Befriedigung von Gläubigern des Übergebers (sei es durch diesen selbst, sei es durch den Erwerber für ihn) verwendet wurde (RIS-Justiz RS0033117).

IV. Hypothekenübernahme

Übernimmt bei Veräußerung einer Liegenschaft der Erwerber ein auf ihr haftendes Pfandrecht, so ist dies nach § 1408 im Zweifel als Schuldübernahme zu verstehen, so dass den Erwerber die Pflicht zur Bezahlung der gesicherten Forderung trifft. Der Veräußerer kann nach vollzogenem Eigentumsübergang den Gl zur Annahme des neuen Schuldners schriftlich auffordern. Wird die Zustimmung nicht binnen sechs Monaten versagt, so gilt sie als erteilt, vorausgesetzt, auf diese Wirkung wurde in der Aufforderung hingewiesen. Dies hat die Konsequenz, dass der bisherige Sch aus der Haftung entlassen wird.

D. Vertragsübernahme

Bei der Vertragsübernahme scheidet eine Partei gänzlich aus einem Vertragsverhältnis aus und überträgt die **Gesamtheit** der sich aus dem Schuldverhältnis ergebenden Rechte und Pflichten auf eine neue Vertragspartei. Die Vertragsübernahme kommt durch Vereinbarung aller drei betroffenen – also der verbleibenden, ausscheidenden und eintretenden – Parteien zustande.

Kontrollpunkte:

- ✓ Novation
- ✓ Schuldänderung
- ✓ Vergleich und Besonderheiten Irrtumsanfechtung
- ✓ konstitutives/deklaratorisches Anerkenntnis
- ✓ Zession
  - Bezeichnungen: Zedent, Zessionar, debitor cessus
  - Gültigkeitsvoraussetzungen
  - abtretbare Forderungen
  - Wirkungen, Einwendungen
  - Gewährleistung des Zedenten
  - Mehrfachzession
  - gesetzliche Zession, Fälle, Abgrenzung
  - Sonderformen
    - Sicherungszession, Publizität
    - Globalzession
    - stille Zession
    - Inkassozession
    - Factoring, echtes/unechtes, Einordnung
- ✓ Schuldübernahme
  - vs Erfüllungsübernahme vs Schuldbeitritt
  - privative Schuldübernahme – Voraussetzungen
  - Sonderfall § 1409
  - Sonderfall Hypothekenübernahme
- ✓ Vertragsübernahme – Voraussetzungen, Wirkungen

Siebter Abschnitt: Beteiligung Dritter am Schuldverhältnis

A. Mehrheit von Gläubigern und Schuldnern

An einem Schuldverhältnis können sowohl auf Gläubiger- als auch auf Schuldnerseite auf verschiedene Arten mehrere Personen beteiligt sein.

Wiederhole:
teilbare/unteilbare Leistung – oben 3. Abschnitt A.II.

I. Geteiltes Schuldverhältnis

Wird eine **teilbare** Leistung geschuldet, so liegt nach §§ 888 f auch ein Teilschuldverhältnis vor: Sind mehrere Gl vorhanden, darf jeder Gl nur den auf ihn entfallenden Anteil fordern; bei mehreren Schuldnern haftet jeder nur für seinen Anteil.

II. Gesamtschuldverhältnis

1. Fälle

Ist die geschuldete Leistung **unteilbar**, kommt es zu einem sogenannten Gesamtschuldverhältnis. Ein Gesamtschuldverhältnis entsteht auch bei **Schuldbeitritt** oder entsprechender **Vereinbarung der Parteien**. Mehrere Erben haften nach §§ 820 f grundsätzlich solidarisch; auch aufgrund von § 1302 kann es zu einer Solidarhaftung kommen – hiezu s ORAC Rechtsskriptum „Schadenersatz- und Bereicherungsrecht" 1. Abschnitt A.IX.

Nach § 1199 Abs 1 haften die Gesellschafter einer GesBR gegenüber Dritten für **gesellschaftsbezogene Schulden** als Gesamtschuldner, soweit nichts anderes vereinbart wurde. Tätigt ein Gesellschafter ein Rechtsgeschäft hingegen in eigenem Namen, jedoch auf Rechnung der Gesellschaft, wird nur er dem Dritten gegenüber berechtigt und verpflichtet (§ 1199 Abs 2 ABGB).

2. Wirkung

a) Solidarschuld

Bei Schuldnermehrheit (= Solidarschuld) haftet jeder Sch für das Ganze. Wird er vom Gl in Anspruch genommen, hat er die ganze Schuld zu leisten, kann jedoch bei den Mitschuldnern **Regress** nehmen (§ 896); er hat ein Rückgriffsrecht. Intern haftet im Zweifel – dh, wenn kein anderes, besonderes Rechtsverhältnis vorliegt – jeder für den gleichen Teil. (Eine abweichende Regressverteilung kann sich durch Parteiabrede oder aus dem Gesetz ergeben: So haben sich mehrere Schädiger die Schadenersatzverpflichtung intern nach der Schwere des Verschuldens aufzuteilen.) Eine Stundung oder ein Verzicht des Gl wirkt nur für den begünstigten Sch; von der internen Ausgleichspflicht wird er dadurch nicht befreit (§ 894).

b) Gläubigermehrheit

Bei Gläubigermehrheit ist jeder Gl berechtigt, das Ganze zu fordern. Ohne besondere Vereinbarung zwischen den Mitgläubigern besteht keine Ausgleichspflicht (§ 895).

III. Gesamthandschuldverhältnis

Ein Gesamthandschuldverhältnis liegt dann vor, wenn die geschuldete Leistung nur von allen Schuldnern gemeinsam erbracht (Beispiel: Vertrag über den Auftritt einer Musikkapelle) bzw nur von allen Gläubigern gemeinsam gefordert werden kann. Der Sch einer Gesamthandforderung (Beispiel: § 848) darf an einen einzelnen Gl nur dann leisten, wenn die anderen Gl zustimmen; andernfalls ist er berechtigt, die geschuldete Leistung bei Gericht zu hinterlegen (§ 1425 – zur Hinterlegung s oben 5. Abschnitt B.).

B. Vertrag zugunsten Dritter

Ein Vertrag zugunsten Dritter entsteht dann, wenn der Sch seinem Vertragspartner verspricht, die geschuldete Leistung einem **Dritten** zu erbringen. Hat der Dritte ein Klagerecht gegen den Sch, so liegt ein **echter**, ansonsten ein **unechter** Vertrag zugunsten Dritter vor. Nach § 881 Abs 2 ist im Zweifel ein echter Vertrag zugunsten Dritter anzunehmen, wenn diesem die Leistung hauptsächlich zum Vorteil gereichen soll.

> **Beispiel** für einen echten Vertrag zugunsten Dritter sind Lebensversicherungsverträge, bei denen die Versicherungsleistung einem anderen als dem Versicherungsnehmer zugutekommen soll.

Der Dritte ist berechtigt, das ihm im Vertrag zugedachte Recht zurückzuweisen (§ 882). Der Versprechende kann dem Dritten alle Einwendungen entgegenhalten, die ihm gegen den Versprechensempfänger zustehen (§ 882 Abs 2).

C. Bürgschaft

I. Funktion

Die Bürgschaft ist ein typisches **Sicherungsgeschäft**. Der Bürge verpflichtet sich im mit dem Gl abgeschlossenen Bürgschaftsvertrag zur Befriedigung des Gläubigers für den Fall, dass der Hauptschuldner seine Verbindlichkeit nicht erfüllt. Zahlt der Sch bei Fälligkeit nicht, kann der Gl vom Bürgen Zahlung fordern.

> Eine Bürgschaft ist ein Dauerschuldverhältnis, wenn sie Verpflichtungen im Rahmen eines Dauerschuldverhältnisses sichert. Als solches kann sie entweder durch ordentliche oder durch außerordentliche Kündigung aufgelöst werden.

II. Voraussetzungen

1. Formpflicht

Die Bürgschaftserklärung (nicht jedoch ihre Annahme durch den Gl) ist formpflichtig, sie muss schriftlich abgegeben werden (§ 1346 Abs 2). Das Formerfordernis wird nach der Rsp des OGH auch durch eine vom Bürgen eigenhändig unterschriebene Bürgschaftserklärung per Fax erfüllt (9 Ob 41/12p). Seit 1. 7. 2016 erfüllt gem § 4 Abs 1 SVG (Signatur- und Vertrauensdienstegesetz) auch eine qualifizierte elektronische Signatur das rechtliche Erfordernis der Schriftlichkeit iSd § 886. Speziell Bürgschaftserklärungen, die von Personen außerhalb ihrer gewerblichen, geschäftlichen oder beruflichen Tätigkeit abgegeben werden, können gem § 4 Abs 2 SVG aber nur dann in elektronischer Form wirksam abgefasst werden, wenn das Dokument über die Erklärung die Bestätigung eines Notars oder eines Rechtsanwalts enthält, dass er den Signator über die Rechtsfolgen seiner Signatur aufgeklärt hat.

2. Akzessorietät der Bürgschaft

a) Die Bürgschaft ist **akzessorisch**, sie bleibt nur solange aufrecht, als die gesicherte Hauptschuld besteht. Akzessorietät bedeutet, dass die Bürgschaft jederzeit vom Bestand und Umfang der gesicherten Forderung abhängig ist. Geht die Hauptschuld (teilweise) unter, so erlischt (in diesem Umfang) auch die Bürgenhaftung. Der Bürge kann sich auch nicht für mehr als die Hauptschuld verpflichten. Eine Ausnahme vom Akzessorietätsprinzip enthält § 1352: Wer sich für eine geschäftsunfähige Person verbürgt, haftet wie ein Mitschuldner, auch wenn ihm die Geschäftsunfähigkeit des Hauptschuldners unbekannt war.

b) Umfasst die Bürgschaft nur einen **Teilbetrag** der gesicherten Forderungen, so werden Zahlungen des Hauptschuldners in der Regel zuerst auf den nicht gesicherten Teil angerechnet.

3. Aufklärungspflichten des Gläubigers

Der Bürge ist oftmals nur unzureichend über die Vermögenslage des Hauptschuldners informiert, weiß daher nicht, wie riskant die Übernahme der Haftung tatsächlich ist. Es stellt sich daher die Frage, inwieweit der Gl verpflichtet ist, den Bürgen über allfällige mit der Übernahme der Bürgschaft verbundene Gefahren aufzuklären. Nach der Judikatur besteht eine solche Aufklärungspflicht nur in **Ausnahmefällen.** Bejaht wurde sie zB dann, wenn der Gl Kenntnis vom mehr oder weniger unmittelbar bevorstehenden wirtschaftlichen Zusammenbruch des Hauptschuldners hat. In diesen Fällen steht auch das Bankgeheimnis einer Aufklärung nicht entgegen.

Beachte:

Nach § 25c KSchG trifft den Kreditgeber die Verpflichtung, den Interzedenten, der Verbraucher ist, auf die wirtschaftliche Lage des Schuldners hinzuweisen, wenn er erkennt oder erkennen muss, dass der Schuldner seine Verbindlichkeit aller Voraussicht nach nicht oder nicht vollständig erfüllen wird. Unterlässt der Unternehmer diesen Hinweis, so haftet der Interzedent nur dann, wenn er seine Verpflichtung auch nach vollständiger Information übernommen hätte.

4. Sittenwidrigkeitskontrolle der Bürgschaft

Der OGH hat – in Anlehnung an die Judikatur des deutschen BVerfG – festgehalten, dass eine Bürgschaftsverpflichtung bei fehlendem Vermögen des Bürgen aufgrund eines Verstoßes gegen die guten Sitten nichtig sein kann. Für die Bejahung einer solchen Sittenwidrigkeit bedarf es (a) eines **groben Missverhältnisses** zwischen dem Haftungsumfang und der wirtschaftlichen Leistungsfähigkeit des Interzedenten, (b) eines Zustandekommens des Bürgschaftsvertrages aufgrund **verdünnter Willensfreiheit** des Bürgen sowie (c) der Kenntnis bzw fahrlässigen Unkenntnis dieser beiden Umstände durch den Kreditgeber.

Beachte:

In vielen vom OGH seither entschiedenen Fällen ist es um Bürgschaften naher Familienangehöriger gegangen.

5. Das Mäßigungsrecht des § 25d KSchG

Zur Sittenwidrigkeitskontrolle nach § 879 Abs 1 tritt im Bereich des Verbrauchergeschäfts das Mäßigungsrecht des § 25d KSchG hinzu: Der Richter kann die Verbindlichkeit eines Interzedenten insoweit mäßigen oder auch ganz erlassen, als sie in einem unter Berücksichtigung aller Umstände unbilligen

Missverhältnis zur Leistungsfähigkeit des Interzedenten steht, sofern die Tatsache, dass der Verbraucher bloß Interzedent ist, und die Umstände, die dieses Missverhältnis begründet oder herbeigeführt haben, bei Begründung der Verbindlichkeit für den Gl erkennbar waren. § 25d Abs 2 KSchG gibt dem Richter eine Reihe von Kriterien vor, an denen er sich bei seiner Entscheidung orientieren soll.

Beachte:
Die Anwendung des § 25d KSchG ist der Sittenwidrigkeitskontrolle nach § 879 Abs 1 **nachgelagert**, da bei Bejahung der Sittenwidrigkeit keine wirksame Verpflichtung des Bürgen begründet wird, es also **keiner Mäßigung** bedarf.

III. Rechtsfolgen

1. Inanspruchnahme des Bürgen (Subsidiarität)

a) Der Gl kann den Bürgen erst dann belangen, wenn der Sch trotz Einmahnung seine Verbindlichkeit nicht erfüllt hat, die Bürgschaft ist **subsidiär.** Keine Einmahnung ist notwendig, wenn über das Vermögen des Hauptschuldners das Insolvenzverfahren eröffnet wurde oder der Hauptschuldner unbekannten Aufenthalts ist; der Gl darf allerdings bei der Wahrnehmung seiner Rechte gegenüber dem Hauptschuldner nicht in einer Form nachlässig gewesen sein, die sich auf die Rechtsstellung des Bürgen auswirkt (§ 1356). Nicht subsidiär ist die Verpflichtung als **Bürge und Zahler** (§ 1357). Wer sich als Bürge und Zahler verpflichtet, kann auch ohne Mahnung und auch vor dem Hauptschuldner in Anspruch genommen werden.

b) Hat der Gl es unterlassen, den Hauptschuldner rechtzeitig in Anspruch zu nehmen und erleidet der Bürge beim Regress dadurch einen größeren Ausfall als bei rechtzeitiger Inanspruchnahme, wird ihm der Gl schadenersatzpflichtig (§ 1364). Den Gl treffen **Sorgfaltspflichten** gegenüber dem Bürgen. Er ist ihm auch zur Rechnungslegung verpflichtet.

Wichtig:
Ist ein Verbraucher Bürge oder Garant eines Kredits, der von einem Unternehmer gewährt wurde, dessen Unternehmensgegenstand die Gewährung oder Vermittlung von Krediten ist, und wird der Hauptschuldner säumig, so hat der Gl nach § 25b Abs 2 KSchG den Verbraucher hievon in angemessener Frist zu verständigen. Unterlässt er dies, so haftet der Verbraucher nicht für die Zinsen und Kosten, die ab der Kenntnis des Gl von der Säumigkeit des Hauptschuldners bis zu einem Verzug des Verbrauchers selbst entstehen.

2. Rückgriff des Bürgen

a) Hat der Bürge die Schuld des Hauptschuldners bezahlt, erlischt die Schuld nicht. Der Bürge tritt vielmehr nach § 1358 in die Rechte des Gläubigers ein und kann beim Hauptschuldner Regress nehmen. Zu diesem Zweck ist der Gl verpflichtet, dem Bürgen alle vorhandenen Rechtsbehelfe und Sicherungsmittel herauszugeben. (Zur Frage, ob Pfandrechte automatisch übergehen, s oben 6. Abschnitt B.4.b).)

b) **Regress unter mehreren Bürgen (Mitbürgschaft):** Nach § 1359 findet auf mehrere Bürgen § 896 Anwendung: Nach außen haften alle in der Höhe des jeweils übernommenen Betrags unbeschränkt, intern kommt es jedoch zu einer Aufteilung der Haftung nach § 896. Bezahlt ein Bürge mehr, als seinem internen Anteil entspricht, kann er Rückgriff gegen die anderen Bürgen nehmen.

Beachte:

Die Berechnung der Höhe der internen Anteile ist strittig. Nach verbreiteter, aber nicht unstrittiger Ansicht hat die interne Aufteilung dem nach außen übernommenen Risiko zu entsprechen.

Beispiel:

Haftet Bürge A für 120, Bürge B für 40 und beträgt die Schuld 120, so hat intern eine Aufteilung nach dem Verhältnis 3 : 1 zu erfolgen: A übernimmt intern 90, B 30. Nimmt der Gl nur A in Anspruch, so kann dieser in Höhe von 30 Regress bei B nehmen.

Unterscheide hievon die Teilbürgschaft: Hier haftet jeder Bürge nur für gegeneinander abgrenzbare Teile der Schuld. (Beispiel: A haftet für Darlehensverbindlichkeiten vor dem 1. 1. 2021, B für die danach entstandenen Schulden.) In einem solchen Fall findet kein Regress statt.

c) Obwohl sich § 1359 nur auf die Bürgschaft bezieht, wird diese Regelung grds allgemein auf **alle Sicherungsgeber** angewendet, sodass sich zB auch ein Garant bei einem Pfandbesteller bzw ein Pfandbesteller bei einem Bürgen etc regressieren kann (vgl allerdings auch OGH 1 Ob 54/09m).

d) Dieses Regressrecht ist in § 1360 geschützt: Der Gl darf sich nicht zum Nachteil des Bürgen oder eines anderen Sicherheitsgebers eines Pfandes begeben. In diesem Fall wird er schadenersatzpflichtig. (Entgegen dem Wortlaut des Gesetzes ist es nach richtiger, aber nicht unstrittiger Ansicht nicht notwendig, dass das Pfand vor oder bei Übernahme der Bürgschaft bestellt wurde!) – Vor den Wirkungen der Entlassung eines Bürgen oder Garanten aus der Haftung sind die Regressberechtigten durch § 896 geschützt: Ihre Regressansprüche werden durch die Haftungsentlassung nicht berührt.

e) Weitere Rückgriffsmöglichkeiten für den Bürgen eröffnet aber auch das zumeist zwischen ihm und dem Sch bestehende Schuldverhältnis (etwa Auftrag, § 1014; oder GoA, § 1037).

IV. Sonderformen der Bürgschaft

1. Zeitbürgschaft

Bei der Zeitbürgschaft übernimmt der Bürge die Haftung nur für einen bestimmten Zeitraum. Der Gl muss ihn während dieses Zeitraumes in Anspruch nehmen. Durch Zeitbürgschaft werden oftmals die Verbindlichkeiten aus Kontokorrentkrediten gesichert.

2. Ausfallsbürgschaft

Der Ausfallsbürge übernimmt die Haftung nur für den Fall, dass die Forderung gegen den Hauptschuldner uneinbringlich ist. Der Gl kann den Ausfallsbürgen erst nach erfolgloser Exekutionsführung gegen den Hauptschuldner in Anspruch nehmen.

3. Entschädigungsbürgschaft

Der Entschädigungsbürge verpflichtet sich **gegenüber dem Bürgen**, ihn schadlos zu halten, falls er vom Gl aus der Bürgschaft in Anspruch genommen wird.

D. Garantievertrag

I. Definition

Unter einem Garantievertrag versteht man einen Vertrag, in dem jemand (= Garant) einem anderen (= Begünstigter) gegenüber die Verpflichtung übernimmt, für den noch ungewissen Eintritt eines bestimmten Erfolges, wie zB die Leistung eines Dritten, einzustehen oder für den Schaden, der durch ein bestimmtes Unternehmen iwS entsteht, aufzukommen. Tritt der Erfolg nicht ein oder entsteht der in der Garantie bezeichnete Schaden, so kann der Begünstigte den Garanten in Anspruch nehmen.

Beachte:

Von der Garantie zu unterscheiden ist die Verwendungszusage (§ 880a); sie verpflichtet den Versprechenden nur, sich beim Dritten dafür einzusetzen, dass dieser die versprochene Leistung erbringt. Eine Erfolgshaftung besteht nicht.

II. Formen

Garantieverträgen kommen im Wirtschaftsleben recht unterschiedliche Funktionen zu.

1. Herstellergarantie

Von einer Herstellergarantie spricht man dann, wenn der Produzent einer Ware gegenüber dem Endabnehmer garantiert, dass sein Produkt während einer bestimmten Frist keinen Mangel aufweisen wird. Die Herstellergarantie tritt in der Regel neben die gesetzlichen Gewährleistungsansprüche, die dem Abnehmer gegen den Verkäufer zustehen. In § 9a KSchG nF (lesen!) findet sich eine ausdrückliche Regelung vertraglicher Garantien. In dessen Abs 2 ist auch speziell der Fall angesprochen, dass ein Hersteller eine Haltbarkeitsgarantie abgibt, was einen unmittelbaren Anspruch des Verbrauchers gegen diesen auf Verbesserung oder Austausch der Sache eröffnen kann.

2. Garantie zur Sicherung einer fremden Verbindlichkeit

a) Garantien werden oftmals auch zur Sicherung fremder Verbindlichkeiten verwendet; ihnen kommt dann eine ähnliche Funktion wie der Bürgschaft zu. Der wichtigste Unterschied zur Bürgschaft besteht jedoch darin, dass die Garantie nicht akzessorisch ist: Der Garant kann bei Inanspruchnahme keine Einwendungen aus dem Grundgeschäft zwischen Begünstigtem und Garantieauftraggeber erheben. Meist verpflichtet er sich auf bloße Anforderung durch den Begünstigten zu zahlen, ohne dass es auf einen Nachweis der Nichtzahlung durch den Dritten ankäme. Bei **rechtsmissbräuchlicher** Inanspruchnahme braucht der Garant jedoch nicht zahlen. Nach der Rsp liegt das vor, wenn das Nichtbestehen des Anspruchs des Begünstigten evident ist oder der Begünstigte in Schädigungsabsicht handelt.

b) Wichtigster Anwendungsfall dieser Art von Garantie ist die **Bankgarantie**, bei der als Garant eine Bank fungiert.

c) Wird der Garant aus der Garantie in Anspruch genommen, so kann er sich beim Dritten gleich einem Bürgen regressieren. Hiezu s oben C.III.2.

d) Nach der Rsp des OGH ist die Garantieübernahme zur Sicherung der Leistung eines Dritten schriftformpflichtig (stRsp seit 1 Ob 595/92).

E. Anweisung

I. Begriff

Die Anweisung ist ein dreipersonales Rechtsverhältnis. Sie besteht aus **zwei Ermächtigungen**: Der Anweisende (Assignant) ermächtigt den Angewiesenen (Assignat), für seine Rechnung, aber in eigenem Namen eine Leistung an den Anweisungsempfänger (Assignatar) zu erbringen. Gleichzeitig ermächtigt er aber auch den Anweisungsempfänger, die Leistung beim Angewiesenen einzuziehen (§ 1400). Das Verhältnis zwischen Anweisendem und Anweisungsempfänger nennt man **Valutaverhältnis**; das zwischen Anweisendem und Angewiesenem **Deckungsverhältnis**, jenes zwischen Angewiesenem und dem Anweisungsempfänger schließlich **Einlösungsverhältnis**.

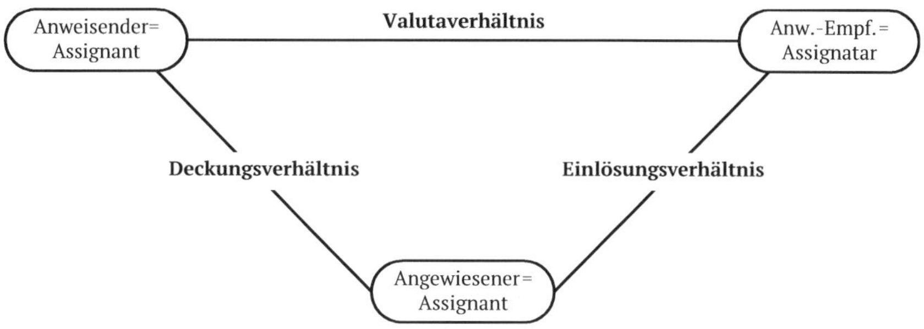

II. Verwendung

Der Zweck der Anweisung besteht in der Regel darin, dass der Anweisende den Angewiesenen einschaltet, um eine Verbindlichkeit gegenüber dem Anweisungsempfänger zu tilgen.

Beispiel:
Konsument (= Anweisungsempfänger) kauft vom Händler (= Anweisender) ein TV-Gerät; Händler erwirbt passendes Gerät vom Erzeuger (= Angewiesener) und weist diesen an, das Gerät direkt an den Konsumenten zu liefern. Durch die Lieferung an den Konsumenten werden auf einmal zwei Schuldverhältnisse erfüllt: Der Erzeuger erfüllt seine Verbindlichkeit gegenüber dem Händler, dieser gleichzeitig seine Verbindlichkeit gegenüber dem Konsumenten. Man kann sich der Anweisung aber auch bedienen, um Geschenke zu machen: Der Onkel weist seine Bank an, seinem Lieblingsneffen € 1.000 zu überweisen. In diesem Fall erfüllt der Onkel keine vorher bereits bestehende Verpflichtung.

III. Die Rechtsfolgen

1. Deckungsverhältnis

a) Schuldet der Angewiesene dem Anweisenden das zu Leistende bereits, so liegt eine **Anweisung auf Schuld** vor. Der Angewiesene ist in diesem Fall verpflichtet, der Anweisung Folge zu leisten (§ 1401). Schuldet der Angewiesene die Leistung hingegen nicht, liegt eine **Anweisung auf Kredit** vor.

b) Besteht zwischen Anweisendem und Angewiesenem kein besonderes Rechtsverhältnis, gelten für ihr Rechtsverhältnis die Normen über den Auftrag; der Angewiesene wird wie ein Auftragnehmer behandelt. Erbringt der Angewiesene die Leistung an den Anweisungsempfänger, hat er nach § 1014 einen Ersatzanspruch gegen den Anweisenden.

c) Ein **Widerruf** der Anweisung ist dem Angewiesenen gegenüber so lange möglich, als er die Anweisung nicht angenommen oder die Leistung noch nicht erbracht hat.

2. Valutaverhältnis

Die Anweisung hat regelmäßig (aber nicht immer – s oben II.) den Zweck, eine Schuld des Anweisenden beim Anweisungsempfänger zu tilgen. Die Tilgung tritt jedoch erst dann ein, wenn der Angewiesene zahlt (§ 1401 Abs 3). Nach § 1401 muss der Assignatar (= Anweisungsempfänger), der der Anweisung zugestimmt hat, den Angewiesenen zur Leistung **auffordern**. Will er von der Anweisung hingegen keinen Gebrauch machen oder verweigert der Angewiesene die Leistung, so muss er den Anweisenden hievon sofort verständigen.

3. Einlösungsverhältnis – Annahme der Anweisung

Gegenüber dem Anweisungsempfänger ist der Angewiesene erst dann zur Leistung verpflichtet – so dass dieser ein Klagerecht hat –, wenn er die Anweisung angenommen hat (§ 1400). Die Annahme ist das Versprechen, an den Anweisungsempfänger zu leisten. Durch die Annahme entsteht eine **abstrakte Verbindlichkeit**; der Angewiesene kann dem Empfänger nur mehr Einwendungen entgegensetzen, die die Gültigkeit der Annahme betreffen oder sich aus dem Inhalt der Anweisung (zB Leistung ist noch nicht fällig) oder aus seinen persönlichen Beziehungen zum Empfänger (zB Aufrechnungseinrede) ergeben. Nach einer Ansicht geht das aber auch dann, wenn sowohl Valuta- als auch Deckungsverhältnis nichtig sind.

Wichtig:
Zur Rückforderung der erbrachten Leistung bei Störung eines oder beider Rechtsverhältnisse s ORAC Rechtsskriptum „Schadenersatz- und Bereicherungsrecht" 2. Abschnitt E.III.

Kontrollpunkte:

✓ geteiltes Schuldverhältnis – Gesamtschuldverhältnis – Gesamthandschuldverhältnis

✓ Vertrag zugunsten Dritter

✓ Bürgschaft
- Sicherungsgeschäft
- Formpflicht
- Akzessorietät
- Aufklärungspflichten des Gl
- Sittenwidrigkeit und Mäßigungsrecht
- subsidiäre Inanspruchnahme und Rückgriff des Bürgen
- Sonderformen der Bürgschaft

✓ Garantievertrag
- Herstellergarantie
- Sicherung fremder Verbindlichkeiten – nicht akzessorisch

✓ Anweisung
  - Begriffe, Parteien
  - Anwendungsfälle
  - Rechtsfolgen
    - Deckungsverhältnis
    - Valutaverhältnis
    - Einlösungsverhältnis – abstrakte Verbindlichkeit

Stichwortverzeichnis

K

L

N

O

P

S

T

U

V

W

Z